돈을 끌어당기는 마법의 지갑

AI MO OKANE MO HIKIYOSETAINARA SAIHU NO KAMISAMA TO NAKAYOKU SINASAI
by Misako Asano
Copyright © Misako Asano, 2018
All rights reserved.
Original Japanese edition published by Subarusya Corporation
Korean translation copyright © 2019 by Keystonebook (a imprint of ACE CONPRO, Inc)
This Korean edition published by arrangement with Subarusya Corporation, Tokyo,
through HonnoKizuna, Inc., Tokyo, and BC Agency

이 책의 한국어판 저작권은 BC에이전시를 통해 저작권자와 독점계약을 맺은 키스톤에 있습니다.
저작권법에 의해 한국 내에서 보호를 받는 저작물이므로 무단전재와 복제를 금합니다.

키스톤은 ㈜에이스컨프로의 단행본 브랜드입니다.

아사노 미사코 지음 · 이경민 옮김

 시작하며

돈을 끌어당기는
지갑의 비밀

이 책은 지갑 하나로 인생을 바꾸는 방법에 대해 다룬 책입니다.

그런데 왜 하필 지갑일까요?

비트코인 같은 가상화폐가 나오는 시대이니 머지않아 돈도, 그 돈을 넣어두는 지갑도 필요 없어질지도 모릅니다. '이런 상황에서 왜 시대에 뒤떨어지게 지갑을?' 하며 고개를 갸웃거리는 분도 계실지 모르겠네요.

하지만 관점을 살짝만 바꿔서 생각해 보세요. 사람은 누구나 더 나아지기를 원합니다. 매일 쓰는 지갑이 당신의 인생을, 당신의 미래를 근사하게 바꿔 준다면 얼마나 멋질까요? 게다가 아주 쉽게, 그 꿈같은 일을 이룰 수 있다면요? 그리고 당신 가방 속의 작은 지갑이 바로 그 꿈을 이루어 줄 열쇠라면요?

"도대체 무슨 소리를 하는 거야? 지갑 따위가 뭐라고!"라고 하실 분이 분명히 계시겠지요. 하지만 아닙니다. 인생을 좋은 방향으로 바꾸고 싶을 때, 장밋빛 미래가 다가오기를 바랄 때, 당신의 지갑은 틀림없이 당신의 인생을 당신이 원하는 방향으로 이끌어 줍니다.

이것은 미신이나 주술 같은 게 아닙니다. 제가 일을 시작하며 30년 동안 만나 온 만 명 이상의 경영인과 고객들의 사례에서, 15년 동안 7천 명 이상의 고객에게 운명 컨설팅을 해 드리며 얻은 결과에서 도출해 낸 인생의 성공 비법들입니다. 이 책에서는 그 비법 중에서도 확실하게 효과가 있는 방법을 엄선해 실었습니다.

제가 이 책에서 가장 강조하는 핵심은 '지갑에는 신이 깃든다'라는 것입니다. 지갑에 신이 깃들면 인생은 신기할 정도로 좋은 방향으로 풀립니다. 명품 지갑을 들고 다니라는 말이 아닙니다. 그저 지갑과 돈이 지닌 관계의 진수를 깨닫고, 지갑에 신이 깃든다는 사실을 믿고, 그 오묘한 관계를 진심으로 이해하면 됩니다.

그러면 당신의 운명과 미래는 좋은 쪽으로 방향을 틀고, 점점 호전되어 갑니다. 즉, 인생의 다른 문이 열리는 거지요.

제게 운명 컨설팅을 받으셨거나 '운이 트이는 지갑 강좌'를 들은 뒤, 인생이 극적으로 변하거나 인생의 무대가 월등히 높아진 분들이 많다는 사실이 이를 증명합니다. 이 책을 보는 당신도, 분명히 인생이 180도 변할 정도로 충격을 받을 거라고 감히 장담합니다.

'그렇다면 굉장히 어렵거나 돈이 많이 드는 일 아니야?'라고 생각하는 분이 있을 것 같아서 말씀드립니다. 성공을 끌어당기는 지갑 비법은 매우 간단합니다. 이 책의 내용을 따라 지갑의 신과 친해지기만 하면 됩니다. 그리고 지갑의 신과 사이좋게 지낼 수만 있다면 당신의 인생은 반드시 술술 풀리게 되어 있습니다. 당신이 이미 성공해 있다면 더욱 높은 곳으로 갈 테고요.

물론 지갑에 신이 깃든다는 제 말이 바로 와닿지는 않을 겁니다. 하지만 이 세상 모든 지갑에는 신이 깃들어 있습니다. 자신도 모르는 사이에 지갑에 신이 깃들어 있을 때도 있는데, 인생이나 일에서 크게 성공을 거둔 사람들은 무의식 중에 지갑의 신과 친하게 지내곤 합니다.

이 놀라운 이야기는 책 안에서 실컷 이야기하도록 하지요.

인생이 술술 풀리기를 바라세요? 사랑과 돈을 쭉쭉 끌어당기고 싶으세요? 그럼 살짝 시험해 볼까요?

2109년 1월 길일에
운명 컨설턴트 아사노 미사코

 차례

시작하며

제1장
지갑 하나로
운이 탁 트인다

Secret 01 지갑에는 신이 깃들어 있다 _ 18
부자의 지갑은 반짝반짝 윤이 난다
지갑에는 신이 산다

Secret 02 부자의 지갑에는 신권이 들어 있다 _ 21
신권에는 에너지가 있다
지갑의 신은 접대받기를 무척 좋아한다

Secret 03 부자는 돈은 물론 지갑도 소중히 다룬다 _ 24
부자는 지불할 때 반드시 감사를 표한다
돈을 소중히 여기는 것=자신을 소중히 여기는 것

**Secret 04 지갑을 보면 그 사람의 인생과
미래를 전부 알 수 있다** _ 27
만 명 이상의 지갑을 보고 깨달았다
지갑의 알맹이=당신의 미래
미래를 바꾸고 싶다면 지갑 속을 깔끔히 유지하라

Secret 05 지갑의 신과 돈은 '애인 사이' _ 31
지갑의 신은 돈을 기쁘게 해 주고 싶다
지갑 속이 뒤죽박죽이면 머릿속도 뒤죽박죽이다

제2장
지갑의 신을 멀어지게 하는 나쁜 습관

Secret 06 열심히 버는데 왜 돈이 모이지 않을까? _ 36
먼저 나를 위해 쓰자
마음이 안정되면 일과 경제 사정도 안정된다

Secret 07 스트레스 해소를 위해 돈을 쓰면 돈이 달아난다 _ 39
돈에 마이너스 감정을 싣지 마라
스트레스 해소를 위한 '3초 변환법'

Secret 08 정말 갖고 싶은 것만 사자 _ 43
궁극의 한 벌
정말 원하는 걸 손에 넣으면 물욕이 사라진다

Secret 09 참아 가며 번 돈은 모이지 않는다 _ 46
인내를 희생해 가며 돈을 받지 마라
'인내 급여'를 '가치 급여'로 변환하라
자신에게 '수취 허가'를 내리자

제3장
지갑의 신과 친해지기 위한 1단계
돈 사랑 선언

Secret 10 필독! 이것이 바로 돈과 지갑의 신을 _ 54
당신의 포로로 만드는 비결
당신이 돈에게 사랑받지 못하는 이유
돈은 자신을 귀하게 여겨 주지 않는 곳에 가지 않는다

Secret 11 '돈 사랑 선언'으로 지갑의 신에게 총애받자 _ 57
돈은 사랑한다고 말해 주는 사람에게 다가간다
돈을 소홀히 다루면 돈에게 미움받는다
'돈을 사랑해'라는 말은 '돈 블록'을 해제한다

Secret 12 돈과 지갑의 신에게 사랑받는 '돈 쓰는 방법' _ 62
돈을 쓰는 3가지 방법
지갑의 신에게 사랑받는 방법, 투자
돈에 마이너스 에너지를 실으면 지갑의 신에게 미움받는다

Secret 13 돈이 모이지 않는 사람의 나쁜 말버릇 _ 67
돈이 모이지 않는 사람에게는 낭비벽이 있다
'뭐 어때!'라는 마음으로 돈을 쓰지 마라

Secret 14 '돈이 없어'는 돈을 멀어지게 하는 '악마의 주문' _ 72
"돈이 없어"를 반복해 말하면 결코 돈이 들어오지 않는다
정말 돈이 없는 사람을 위한 마법의 특효약

Secret 15 에너지의 법칙으로 사랑과 돈을 쑥쑥 끌어당기자 _ 75
'돈'이라는 에너지를 어떻게 쓸까?
행복의 에너지를 긁어모아 순환시키자

Secret 16 '산 돈'과 '죽은 돈'의 운명, 바로 여기서 갈린다 _ 78
'돈은 돌고 도는 것'이라는 말은 진짜다!
'죽은 돈'을 조심하라

Secret 17 쓰고 또 써도 돈이 불어서 돌아오는 사람의 비결 _ 82
'은혜 갚기'가 아니라 '은혜 보내기'
'은혜 보내기'를 통해 사랑과 돈은 순환한다

제4장
절친이 되어 보자
지갑의 신을 공략하는 7가지 원칙

Secret 18 제1원칙_ 지갑 속을 무조건 신권으로 채워라 _ 86
지갑의 신은 신권을 좋아한다
신권에는 '플러스 에너지'가 모이기 쉽다
신권은 정중히 다루고 싶은 마음이 든다. 따라서 인생도 정중해진다

Secret 19 제2원칙_ 영수증과 명함을 지갑에 넣지 마라 _ 90
지갑의 신은 깨끗한 상태를 좋아한다
지갑의 신과 돈의 신은 절친

차례

**Secret 20 제3원칙_ 포인트 카드를 지갑 속에 _ 93
절대로 넣지 않는다**
포인트 카드는 낭비의 원흉
지갑 속에는 신용카드 한 장에 플러스알파면 충분하다
충전식 교통카드를 지갑 속에 넣어 두지 않는다

**Secret 21 제4원칙_ 매일 지갑을 '지갑 침대'에서 _ 97
쉬게 해 주자**
돈을 안정시키는 '지갑 침대'
지갑을 놓는 장소와 방위 결정법
지갑 침대 만들기

**Secret 22 제5원칙_ 지갑의 신에게 사랑받는 _ 101
최고의 주문 '감사합니다'**
'감사합니다'는 반드시 자신에게 되돌아온다
돈에게 사랑받는 사람은 '감사합니다'라는 말을 아낌없이 한다
돈을 쓸 때 돈에게 '감사합니다'라는 주문을 심자

Secret 23 제6원칙_ 소액 대출을 하지 않는다 _ 105
'소액 대출'일수록 습관이 되기 쉽다
인생이든 돈이든 작은 것부터 차근차근

Secret 24 제7원칙_ 비상금을 마련하지 마라 _ 108
비상금은 금전운을 떨어뜨린다
비상금은 '죽은 돈'이다

제5장
운이 술술 풀리는
지갑 구입법 및 관리법

Secret 25 지갑은 '길일(손 없는 날)'에 사자 _ 112
지갑의 신도 공인하는 '돈을 부르는 날'
운이 최고조로 올라가는 날
전 우주를 아군 삼는 최강의 지갑 길일
지갑을 새로 살 때 이 날만은 피하자

Secret 26 '부희'가 높은 장소에서 지갑을 사자 _ 118
토지 에너지가 높은 장소가 좋다

Secret 27 아웃렛이나 세일 상품은 사지 않는다 _ 121
여러 사람의 손을 탄 '삿된 기'가 묻어 있을 가능성이 있다
남의 손을 타지 않은 새 지갑을 사자

Secret 28 '장지갑'과 '반지갑' 중 지갑의 신이 좋아하는 건? _ 123
지갑을 절대로 깔고 앉지 마라!
단연코 장지갑! 동전 지갑은 따로 가지고 다녀라
장지갑과 동전 지갑을 나누어 쓰자

Secret 29 가죽 지갑을 쓰면 신의 힘이 '배'로 늘어난다 _ 127
역시 지갑은 가죽이 최고
비닐은 지갑의 신도 꺼린다

차례

Secret 30 지갑을 사면 도향(塗香)을 뿌려 정화한다 _ 130
새 지갑을 사면 우선 정결하게 만들자
도향으로 신이 깃드는 지갑을 만들자

**Secret 31 지갑을 사용하기 전에 신권 100만원을
21일 동안 지갑에 넣어 재워 둔다** _ 133
큰돈이 든 상태를 지갑에 각인시키자
지폐를 '거꾸로' 넣어 지갑 침대에 21일 동안 재운다
'종잣돈'이 돈꽃을 피운다
신권을 한달에 한 번은 교환하라

제6장
행운을 불러들이는
지갑 선별법

Secret 32 적자 경영에서 탈피하고 싶은 경영자에게 추천하는 지갑 _ 140
빨간색 혹은 화려한 지갑을 선택할 때는 이 점에 주의하자
빨간색은 지갑 외의 소품이나 동전 지갑으로

Secret 33 좀처럼 돈이 모이지 않는 여성 기업가에게 추천하는 지갑 _ 144
지갑을 2개 가져라
세금은 최고의 은혜 보내기

Secret 34 인간관계를 좋게 만들고 싶은 당신에게 추천하는 지갑 _ 148
인연을 이어 주는 색의 마법
녹색은 충돌을 중화한다

Secret 35 업무운을 높이고 싶은 당신에게 추천하는 지갑 _ 151
질 좋은 가죽 지갑을 강력 추천
업무운은 지갑의 '윤기'로 정해진다
재물을 불리는 짙은 갈색

Secret 36 금전운을 높이고 싶은 당신에게 추천하는 지갑 _ 154
금색과 은색이 베스트! 펄이 들어간 고상한 제품도 좋다

Secret 37 인생의 무대를 높이고 싶은 당신에게 추천하는 지갑 _ 156
흰색의 힘으로 심기일전
인생의 무대를 한층 올리는 주기도 빨라진다

마치며

제1장

지갑 하나로
운이 탁 트인다

Secret 01

지갑에는
신이 깃들어 있다

부자의 지갑은 반짝반짝 윤이 난다

인생이란 참 신기합니다.

똑같이 일하고, 똑같이 월급을 받는데 어떤 사람은 돈을 척척 잘 모으고, 어떤 사람은 도통 돈이 모이지 않지요.

'저 사람은 나와 같은 조건인데 왜 그렇지?'라는 생각을 한 번

쯤은 해 봤을 겁니다.

거기에는 여러분이 모르는 속사정이 있습니다.

제가 20대 때 일본은 버블 경제로 호황을 누렸습니다. 수익이 많으니 당연히 소비도 활발했지요. 그때 저는 백화점에서 해외 화장품을 판매했는데 여러 셀러브리티 고객들과 인연을 맺게 되었습니다. 그리고 그들과 친분이 생기다 보니 제가 감당할 수 있는 범위 안에서 명품을 구매하곤 했습니다.

그러다가 저는 한 가지 사실을 자연스럽게 알아챘습니다. 제가 아는 모든 셀러브리티들의 지갑이 하나같이 무척 깔끔하다는 사실이었습니다. 마치 연마라도 한 듯 반짝반짝 윤이 났지요.

지갑 속에 든 지폐는 전부 신권이었으며, 동전 지갑을 따로 두었기에 지갑 속에는 지폐만 들어 있었습니다. 카드는 딱 한 장으로 블랙 카드나 플래티넘 카드뿐이었지요. 다들 짠 듯 장지갑이었고요. 그리고 그들 모두 지갑을 무척 소중히 다루고 있었습니다.

지갑에는 신이 산다

다들 왜 저러나 싶어 궁금해하던 차에 한 분이 감사하게도 제 궁금증을 풀어 주었습니다. 그분이 하신 말씀이 지금도 생생하네요.

"지갑에는 신이 살지. 그 신과 친해지면 인생이 순탄해져."

그건 그분만의 말씀이 아니었습니다. 해외 화장품을 판매하던 20대 시절에도, 생명보험사의 법인 담당 세일즈를 하던 30대 시절에도 번번이 같은 말을 듣곤 했습니다. 그때는 어려서 그 말의 의미를 잘 이해하지 못했지만, 그 후로 수십 년 동안 7천 명 이상의 고객에게 운명 컨설팅을 해 드리고, 만 명 이상의 지갑을 본 뒤에는 확신하게 됐습니다.

지갑에는 분명히 신이 있으며, 지갑의 신의 응원을 받는 사람은 돈과 파트너에게도 사랑받아 인생이 술술 잘 풀린다는 사실을요.

지갑의 신에게 사랑받는 비결
- 부자들의 지갑은 언제나 깨끗하다
- 지갑에는 신이 산다
- 지갑의 신에게 사랑받으면 인생이 순탄해진다

Secret 02

부자의 지갑에는 신권이 들어 있다

신권에는 에너지가 있다

저는 회사 대표, 회장 등 쟁쟁한 분들의 지갑을 볼 일이 많았습니다. 그들의 지갑은 하나같이 윤이 났고, 안에 든 지폐는 신권이었습니다. 그래서 어느 날 그들에게 물었습니다.

"왜 신권을 쓰세요?"

"에너지가 크거든."

"왜 신권을 쓰세요?"

"상대방이 기뻐하니까. 생각해 보게. 기왕이면 새것과 헌것 중 어떤 것이 좋겠나? 상대가 어느 쪽을 받을 때 더 기뻐할까?"

저는 잠시 생각한 뒤 대답했습니다.

"신권을 받을 때요. 새 지폐를 손에 쥐면 기분이 좋아지니까요."

제 대답이 틀리지는 않았지만, 실은 그런 이유만은 아니었습니다. 그들은 상대에게 돈을 건넬 때, 즉 지불할 때를 염두에 두고 신권을 지갑 속에 넣어두었습니다.

지갑의 신은 접대받기를 무척 좋아한다

굳이 돈을 들이지 않고도 상대가 기뻐할 일을 하는 것, 그게 비결이었습니다.

그로 인해 회사 혹은 가게가 번창하고, 사람과 돈에게 사랑받게 되지요. 그들은 아주 사소한 일로 상대를 기분 좋게 해 주면서 '마음의 접대'를 하고 있었습니다.

흔한 예로, 일류 호텔, 레스토랑, 유구한 전통을 지닌 료칸에서는 아직도 거스름돈을 신권으로 준비합니다. 이 또한 손님 접대에 포함되지요. 바로 이 '접대'에 신이 깃드는 지갑의 비밀이 숨어 있습니다.

지갑의 신은 복의 신입니다. 따라서 남을 기쁘게 하는 사람을 응원하고 싶어 합니다. 그 신은 '마음의 접대'를 할 수 있는 사람과 친해지기를 원하죠.

지갑의 신에게 사랑받는 비결
- 작은 배려로 상대를 기쁘게 하자
- 지갑의 신은 '마음의 접대'를 무척 좋아한다
- 남을 기쁘게 해 주면 나도 응원을 받는다

Secret 03

부자는 돈은 물론 지갑도 소중히 다룬다

부자는 지불할 때 반드시 감사를 표한다

부자의 지갑을 보신 적 있나요?

 보통 사람들은 아마 힘들겠지만, 접객업을 하거나 계산대 담당이라면 볼 수 있겠네요. 물론 곰곰이 뜯어보지는 못하겠지만요. 20대 때 저는 직업의 특수성 덕분에 부자들의 지갑을 가끔 볼 수 있었습니다. 친해진 고객이나 단골 가게의 사모님과 식사할 기회가 가끔 있었는데, 당시 저는 어려서 대부분 상대방이 식사 비용을 냈기 때문이지요.

그분들의 지갑 안에는 늘 신권이 있었고, 지갑도 특별히 손질을 하나 싶을 정도로 윤이 나고 깨끗했습니다. 또한, 그분들은 항상 "잘 먹고 가요", "감사합니다", "맛있었어요"라는 말을 빠뜨리지 않았습니다.

제가 보험사에서 근무했을 때도 마찬가지입니다. 고객이나 거래처 사장님, 회장님 어느 분이나 함께 자리해 보면 지갑에 들어 있는 것, 관리 상태, 행동이 판에 박은 듯 똑같았습니다.

돈을 소중히 여기는 것 = 자신을 소중히 여기는 것

부자들은 지갑을 무척 정중하게 다루었고, 지갑 안도 항상 말끔했습니다. 지갑에 얼마가 들었는지도 제대로 파악하고 있었지요. 그들은 지갑과 돈을 함께 소중히 여겼습니다.

돈을 귀하게 여기는 사람은 그 돈을 번 자신도 귀하게 여깁니다. 그리고 자신을 귀하게 여기는 만큼 주위 사람도 귀하게 여깁니다.

주위 사람을 귀하게 여기면, 그 마음이 주위로 퍼져 그 주변 사람도 남을 귀하게 여기는 선순환이 생깁니다. 그 덕분에 돈도 순환하게 됩니다. 돈을 날라다 주는 건 사람이기 때문입니다.

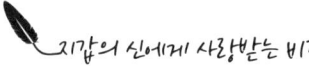
지갑의 신에게 사랑받는 비결
- 지갑도 현찰도 깨끗하게 유지하자. 감사의 말도 잊지 말 것
- 돈도 나 자신도 귀하게 여기자
- 사람을 귀하게 여기는 선순환이 돈을 날라다 준다

Secret 04

지갑을 보면
그 사람의 인생과 미래를
전부 알 수 있다

만 명 이상의 지갑을 보고 깨달았다

지갑을 보기만 해도 그 사람의 인생을 알아차릴 수 있다면 좀 무서운가요?

당신은 지갑을 어떤 식으로 쓰고 계시나요?

'지갑이란 그냥 돈을 넣어 다니는 물건일 뿐이잖아!'라고 여기는 분이 많을 거로 짐작합니다. 하지만 지갑만으로 인생이 변한다면, 지갑이 당신의 인생 그 자체라면, 좀 더 미래가 나아지는 방향으로 사용해 보고 싶지 않으신가요?

저는 직업상 많은 분의 지갑을 보아 왔습니다. 그리고 그 과정에서 알게 된 사실이 있습니다. 바로 '지갑은 인생 그 자체'라는 사실입니다.

지갑에는 그 사람의 인생이 드러납니다. 지갑은 당신을 담는 그릇입니다.

지갑을 귀하게 여기는 사람은 인생을 귀하게 여기는 사람입니다.

지갑을 귀하게 여기는 사람은 자신을 귀하게 여기는 사람입니다.

지갑을 귀하게 여기는 사람은 돈에게 그리고 다른 사람에게서 사랑받는 사람입니다.

지갑을 귀하게 여기는 사람은 지갑의 신에게 사랑받는 사람입니다.

지갑의 신이 있냐고요?

예, 신은 존재합니다.

지갑의 신은 지갑에 깃들어, 언제나 당신을 지켜 주고 있습니다.

인생이 술술 풀리기를 원하거나 보다 밝은 미래를 만들고 싶다면, 먼저 지갑의 신과 친해져야 합니다. 그러면 지갑의 신이 분명히 당신의 인생을 좋은 방향으로 이끌어 주고, 당신의 미래를 응원해 줍니다.

지갑의 알맹이 = 당신의 미래

지갑의 알맹이는 당신의 미래이기도 합니다.

"헉! 정말로요?" 하는 소리가 들리는 듯하군요. 이건 정말입니다. 지갑의 알맹이를 바꾸면 당신의 미래는 반드시 바뀝니다.

지갑에 신이 깃들게 하면 업무운과 금전운이 훌쩍 상승합니다. 그러면 미래 역시 좋은 방향으로 변합니다.

미래를 바꾸고 싶다면 지갑 속을 깔끔히 유지하라

미래를 바꾸고 싶다면, 인생이 술술 풀리기를 바란다면 먼저 지갑 속을 깨끗이 하십시오.

영수증을 처박아 두거나 지폐의 방향이 뒤죽박죽인 채로는 지갑의 신을 맞이할 수 없습니다.

지갑 속을 깨끗하게 정돈해 보세요. 그러면 당신 곁에도 지갑의 신이 찾아옵니다.

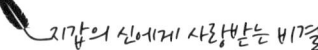
지갑의 신에게 사랑받는 비결
- 지갑의 알맹이는 '당신 자신'
- 지갑 속을 깨끗이 하면 미래가 바뀐다
- 깨끗한 지갑으로 지갑의 신을 맞이하자

Secret 05

지갑의 신과 돈은 '애인 사이'

지갑의 신은 돈을 기쁘게 해 주고 싶다

지갑의 신과 돈은 '애인 사이'입니다. 예, 서로 사랑하고 사랑받는 사이좋은 커플이지요.

돈을 지갑에 넣는 것이 당연하듯 지갑과 돈은 함께하는 것이 당연한 애인 사이입니다. 따라서 지갑의 신은 사랑하는 돈을 잔

뚝 불러들이고 싶어 합니다. 그리고 돈은 외로움을 많이 타기에 가능한 한 많은 수를 데리고 다니고 싶어 하지요.

지갑과 돈의 관계를 사람 간의 관계로 바꾸어 생각해 봅시다. 당신에게 애인이 있다면 그 사람에게 무엇을 어떻게 해 주고 싶나요? 분명, 그 사람을 편안하고 기쁘게 해 주고 싶을 겁니다.

지갑의 신도 마찬가지입니다. 애인인 돈을 기쁘게 해 주고, 편안한 장소로 맞아들이고 싶다고 생각합니다.

사람들은 돌아갈 집이 있어 힘을 낼 수 있습니다. 집에서 기다리는 동반자나 가족이 있기 때문입니다. 돈과 지갑도 그러합니다. 돈 역시 기다려 주는 지갑이 있기에 지갑으로 돌아옵니다. 아늑하기에 되돌아옵니다. 따라서 돈이 지내기 좋고, 쾌적한 공간으로 지갑 속을 가꾸어야 합니다.

지갑 속이 뒤죽박죽이면 머릿속도 뒤죽박죽이다

예를 들어 새집을 샀다고 상상해 보십시오. 그런데 집 안이 쓰레기로 가득하고 엉망진창 어질러져 있으면 아무리 좋은 집이라도 좋게 느껴지지 않을 겁니다. 초조해지거나 짜증이 치밀어 오르기만 하겠지요. 반대로 말끔하게 정리된 청결한 집 안에 들어서면 기분이 좋아집니다.

지갑 또한 그러합니다. 지갑 속이 뒤죽박죽이면, 지갑 소유자의 머릿속도 뒤죽박죽일 가능성이 큽니다. 그런 상태로는 업무의 진척이 없고 신경이 곤두서며 스트레스 해소를 위해 쓸데없는 것을 사게 됩니다.

결과적으로 돈을 낭비하고는 후회하지요. 돈은 돈대로 사라지고, 기분은 기분대로 불안정한, 부정적인 소용돌이에 빠지며, 돈이 쌓이지 않아 항상 곤궁한 상태에 놓이기 쉽습니다. 그리되지 않도록 지갑 속을 언제나 청결히 유지해 돈이 살기 편한 공간으로 만들어 주세요.

지갑의 신에게 사랑받는 비결
- 지갑 속이 아늑해야 돈이 돌아온다
- 더러운 지갑에는 돈이 모이지 않는다
- 지갑이 깨끗하면 돈이 부족할 일이 없다

제2장

지갑의 신을 멀어지게 하는
나쁜 습관

Secret 06

열심히 버는데
왜 돈이 모이지 않을까?

먼저 나를 위해 쓰자

월급을 받으면서도 혹은 일의 보수를 받으면서도 "돈을 못 모으겠어. 금세 어딘가로 새 버린다니까.", "정신을 차려 보면 이미 돈이 다 사라지고 없어."라는 말을 한 번쯤은 한 적이 있을 겁니다. 그리고 저금을 못 하겠다든가, 돈이 생기면 생긴 만큼 다 쓰게 된다든가, '밑 빠진 독에 물 붓기도 아니고, 내가 번 돈은 어디로 갔지?'라고 생각해 본 적도 분명 있을 겁니다.

저도 젊었을 때 그랬으니 아주 잘 압니다.

대체 그 이유는 무엇일까요?

우선 내가 돈을 어디에 쓰는지부터 분석해 보도록 합시다. 스마트폰 요금, 신용카드 청구액, 집세나 기타 등등이 우선순위에 있지 않은지 확인해 보세요. 계좌에 자동이체 처리를 해 놓아서 월급이나 보수가 들어오는 날 돈이 빠져나가는 사례도 많지 않나요?

자, 여기서 한 번 그 돈이 누구에게 지급되는지 살펴보세요. 예, 그렇습니다. 그 모두는 내가 아닌 남에게 지급되고 있습니다. 당신이, 당신의 배우자가, 부모님이 힘들게 번 수입을 가장 먼저 남을 위해 쓰다니 이상하지 않나요? 이러면 돈이 모일 리 없습니다.

마음이 안정되면 일과 경제 사정도 안정된다

'돈 없어 병'에 걸린 분은 우선 자신을 위한 돈 쓰기와 저축하기부터 시작해야 합니다. 핵심은 우선 당신부터입니다. 그렇게 하면 당신은 자신을 귀하게 여기게 됩니다. 자신을 귀하게 여기면 마음이 안정되고, 마음이 안정되면 돈과 업무도 안정됩니다. 돈에 대한 사고방식도 자연스럽게 바뀝니다.

"돈이란 참 중요하구나", "돈 좋지", 그리고 "나는 참 좋지"까지 이르게 되지요.

제게 컨설팅을 받고 이 습관을 실행한 뒤 돈에게 극적으로 사랑받아, 경제 사정이 부쩍 좋아진 분들이 아주 많다는 예는 돈에 대한 사고방식을 바꾸는 게 얼마나 중요한지 입증하고 있습니다.

지갑의 신에게 사랑받는 비결
- 남에게 먼저 지급해서는 돈이 모이지 않는다
- 먼저 나 자신을 위해 쓰고 저축하라
- 마음이 안정되면 주머니 사정도 자연히 좋아진다

Secret 07

스트레스 해소를 위해
돈을 쓰면
돈이 달아난다

돈에 마이너스 감정을 싣지 마라

벌이가 좋고 사업이 순탄해 돈을 펑펑 써 버리는 사람이 있습니다. 자신이 의도해서 쓴다면 상관없지만 어느새 수중에서 돈이 사라지고 돈이 모이지 않지요.

저축한 예금마저 순식간에 까먹는 사람들에게는 공통점이 있습니다.

그것은 다름 아닌 스트레스입니다. 그런 사람들은 스트레스 해소를 위해 돈을 쓰는 버릇이 자기도 모르는 사이에 몸에 배어 있습니다.

가슴에 손을 얹고 생각해 보세요.

스트레스를 해소하겠다고 쇼핑을 하지는 않나요?

스트레스라는 마이너스 감정에 휩쓸려 물 쓰듯 돈을 쓰고 있지 않나요?

스트레스를 해소하겠다고 술을 잔뜩 마신 뒤 이튿날 숙취로 후회한 적 없나요?

세일 기간에 옷을 잔뜩 샀다가 결국 입지도 않고 쌓아 둔 적 없나요?

스트레스를 쌓아 둘수록 돈은 사라집니다. 스트레스로 쓰는 돈은 '낭비'입니다!

'낭비'는 슬픈 일입니다. 돈이 모이지도 않고, 돈에게 사랑받지도 못합니다.

하지만 여간해서는 스트레스를 없앨 수가 없으니 안타깝습니다.

스트레스 해소를 위한 '3초 변환법'

스트레스가 쌓일 때는 '3초 변환법'을 써 보세요. 방법은 매우 간단합니다. 말 그대로 짧은 순간에 생각을 순식간에 변환하면 됩니다.

'스트레스 해소를 위해 옷을 사러 가자'가 아니라 '멋진 옷을 사러 가자'로 생각을 변환하세요.

'스트레스 해소를 위해 밥을 먹으러 가자'가 아니라 '맛있는 밥을 먹으러 가자'로 생각을 변환하세요.

'스트레스 해소를 위해 마시러 가자'가 아니라 '맛있는 술을 마시러 가자'로 생각을 변환하세요.

그리고 또 한 가지 중요한 사항을 기억하세요! '스트레스 해소'라는 '못된 주문'을 절대로 쓰지 않아야 합니다.

'스트레스 해소'라고 말하면서 쇼핑하지 마세요.

'스트레스 해소'라고 말하면서 먹거나 마시지 마세요.

위의 원칙만 잘 지키면 정말 원하는 것에만 눈이 가고, 필요한 물품만 사게 됩니다.

기왕 돈을 쓰겠다면 에너지를 발산(산재)하기보다 충전하세요. 스트레스 해소를 위해 행동하시겠어요, 아니면 근사한 설렘을 위해 행동하시겠어요?

지갑의 신에게 사랑받는 비결
- '스트레스 해소'는 낭비의 원인!
- '스트레스 해소'를 그만두자
- 돈을 쓸 때는 '설렘'을 소중히 하자

Secret 08

정말
갖고 싶은 것만 사자

궁극의 한 벌

지갑의 신에게 사랑받으려면 자신이 진정으로 원하는 것, 궁극적으로 바라는 것만 사야 합니다.

계절마다 돌려 입기용 외출복을 세 벌 장만하느니, 궁극의 한 벌만 사는 편이 낫습니다.

'이렇게 멋진 나에게는 이런 멋진 옷이 어울려'라는 생각이 들 정도로 진심으로 마음에 드는 옷을 사는 거지요. '뭐 어때!'라는 마음으로 혹은 임시변통 용도로 사도 안 됩니다.

당신이 진심으로 만족할 수 있는 물건을 사는 것이 무엇보다 중요합니다.

정말 원하는 것을 손에 넣으면 물욕이 사라진다

사람은 정말 원하는 것, 마음에 쏙 드는 것을 손에 넣으면 이것저것 다 갖고 싶다는 물욕이 사라집니다.

돈은 당신이, 배우자가, 부모님이 열심히 일해 벌어 온 사랑의 결정입니다. 따라서 돈을 귀하게 여기고, 정중하게 다루며, 반드시 사랑으로 써야 합니다.

이렇게 귀한 돈으로 정말 원하는 것을 사면 쓸데없는 소비를 하지 않게 되며, 내가 진정 원하는 것이 보입니다. 이렇게 매일매일 정중하게 살면 지갑의 신에게 사랑받게 되며, 자연히 돈은 차곡차곡 쌓입니다.

사소하지만, 당장 오늘부터 실천할 수 있는 매우 효과적인 방법이니 꼭 실천하기 바랍니다.

지갑의 신에게 사랑받는 비결
- 이것저것 다 사지 마라
- 정말 원하는 걸 사라
- 돈은 열심히 일한 증거이니 정중하게 다루자

참아 가며 번 돈은
모이지 않는다

인내를 희생해 가며 돈을 받지 마라

돈을 모으지 못하는 사람에게는 또 다른 공통점이 있습니다. 바로 참아 가면서 월급을 받는다는 점입니다. '일이 지겹고 괴롭고 힘들다'라는 인내의 대가와 맞바꿔 돈을 받고 있지요.

자신이 자신의 가치를 인정하지 못하니 월급은 그만 '인내 급여'가 되어 버리고, 인내만 하다 보면 돈에게 감사하는 마음이 들지 않습니다. 그리고 인내로 생긴 스트레스를 해소하는 수단으로 충동 구매를 하거나, 무의식적으로 돈을 쓰게 됩니다.

20대 시절의 제가 딱 그랬습니다.

일이 지겹다. 참자.
일이 힘들다. 참자.
평소 입을 옷을 선택할 수 없다. 참자.

당시 저는 제복을 입고 일하는 직장에 다녔지만, 종종 입지도 못할 정도로 옷을 사들였습니다. 옷가게를 열어도 될 정도였지요.

돈을 얼마나 쓸 수 있을지 내기하듯 펑펑 써 댔습니다. 필요 없는 물건도 잔뜩 사들였습니다. 혼자서는 다 쓰지도 못할 만큼 많은 손수건이나 속옷 등이었지요.

그 모든 것은 저의 '보상 심리'에 기인했습니다.

'이 정도쯤이야 뭐 어때?'

'참고 참으면서 노력하잖아.'
'참고 참아 가며 일하잖아.'

그렇게 되뇌며 저는 인내와 맞바꾼 '인내 급여'를 받았습니다.

'인내 급여'였기 때문에 순식간에 돈이 사라졌습니다. '인내 급여'였기 때문에 돈의 감사함을 느끼지도, 돈에게 감사를 표하지도 못했습니다.

이런 식으로 살아간다면 아무리 벌어 봤자 밑 빠진 독에 물 붓기나 매한가지지요. 아무리 일을 하고 또 해도 돈은 모이지 않습니다.

그 점을 알아채기까지 제가 얼마나 많은 수업료를 냈는지 모릅니다.

게다가 돈의 감사함을 느끼지 못하는 상태였으니 나 자신을 사랑하지 못한 채 부정적인 소용돌이에 속절없이 휩쓸리고 말았습니다.

'인내 급여'를 '가치 급여'로 변환하라

저는 이 책을 선택한 당신이 저처럼 쓸데없이 돈과 시간을 낭비하기를 원치 않습니다. 또한, 자신에게 상처를 주지도 않았으면 합니다. 그래서 저는 여러분께 '인내 급여'에서 벗어날 수 있는 비결을 가르쳐 드리려 합니다. 그것은 바로 '인내 급여'를 '가치 급여'로 변환하는 것입니다.

'가치 급여'는 당신의 가치에 부여되는 급여입니다.

다시 말해 당신의 이미지나 당신이 자신에게 느끼는 가치의 정도입니다. '가치 급여'가 낮으면 응당 받아야 할 것도 받지 못하게 됩니다. 따라서 자신의 '가치 급여'부터 높여야 합니다. 그러면 받을 수 있는 급여가 높아지고, 돈도 모입니다.

자신의 '가치 급여'를 높이는 방법은 간단합니다.

자신이 '자신의 가치(=가치 급여)'를 인정하면 됩니다. 가치 있는 자신을 사랑스럽게 여기고 사랑해야 합니다. 자신을 귀하게 여겨야 합니다. 그러면 당신의 '가치 급여'는 자연히 높아집니다.

거꾸로 자신의 가치를 낮추어 생각하면, 당신의 '가치 급여'는 하락해 '인내 급여'가 되어 버립니다.

자신에게 '수취 허가'를 내리자

가치 급여가 인내 급여로 변하지 않게 하려면 자신에게 '수취 허가'를 내려야 합니다.

"내게는 그만한 돈을 받을 가치가 있어!"라고 자신의 가치를 당당하게 인정하고, '가치 급여'를 받는 행위를 자기 자신에게 허가해 주어야 합니다.

돈은 당신의 가치입니다. 그리고 당신이 벌어 온 사랑의 결정입니다. 따라서 마음 밑바닥에서부터 그 가치를 인정하고, 온 마음으로 받아들여야 합니다.

저는 '운이 트이는 지갑 강좌'나 '운명 컨설팅'을 통해 많은 분에게 이 사실을 알리려고 노력했습니다. 그중 한 분이 다음과 같은 후기를 제게 들려주었지요.

"월 30만원, 연간 360만원 급여가 올랐어요!"

월 30만원, 즉 연간 360만원이나 급여가 오르다니 기쁜 일입니다.

그 여성분은 제 '운이 트이는 지갑 강좌'에 참가한 지 이틀 만에 급여가 올랐습니다. 저는 그분이 자신의 가치를 인정해 '수취 허가'를 내렸기에 그런 결과가 나올 수 있었다고 생각합니다. 그분 외에도 많은 분이 자신에게 '수취 허가'를 내린 뒤 인생이 바뀌었습니다.

당신도 예외가 아닙니다. 지금 당장 자신에게 '수취 허가'를 내리세요. 당신이 땀 흘려 번 돈이 '인내 급여'에서 '가치 급여'로 바뀌었을 때 당신의 인생은 분명 바뀝니다.

지갑의 신도 그런 당신을 응원해 돈도 차곡차곡 쌓입니다.

지갑의 신에게 사랑받는 비결

- '인내 급여'를 받지 마라
- 돈은 당신이 벌어 온 '사랑의 결정'이다
- 자신의 가치를 인정해 '수취 허가'를 내려라

제3장

지갑의 신과 친해지기 위한 1단계, 돈 사랑 선언

Secret 10

필독! 이것이 바로 돈과 지갑의 신을 당신의 포로로 만드는 비결

당신이 돈에게 사랑받지 못하는 이유

돈에게 한껏 사랑받고 싶지요? 저도 그렇습니다.

누구나 그럴 겁니다. 당연합니다.

하지만 당신이 돈을 사랑하지 않으면, 돈도 당신을 사랑하지 않습니다.

누군가와 연애할 때를 상상해 보세요.

상대에게 사랑받고 싶다고 생각할 때, 당신은 그 상대를 사랑하고 있을 겁니다. 사랑하지 않는 상대에게 사랑받고 싶다는 생각을 할 리 없으니까요.

돈도 마찬가지입니다.

'돈 따위', '돈, 돈 거리기나 하고.', '돈은 더러워.', '남들 앞에서 돈 얘기를 하다니 부끄러워.'라고 여기는 분들이 많습니다. '애들 앞에서 돈 얘기하는 게 아니다.', '애들 앞에서 돈 얘기를 꺼내는 건 점잖지 못하다.'라고 생각하는 분도 있지요.

이래서는 돈에게 사랑받기는커녕 미움만 사게 됩니다. 당신이 돈을 사랑하지 않으니, 돈도 사랑해 줄 리 없습니다.

돈은 매우 정직합니다. 사랑받지 못하는 곳으로는 오지 않습니다. 소중히 여겨지지 않을 곳에 가지도 않습니다.

돈은 자신을 귀하게 여겨 주지 않는 곳에 가지 않는다

돈은 누가 날라다 주나요? 누가 벌어다 주나요?

당신에게 돈을 날라다 준 사람은 누구인가요? 아버지인가요? 어머니인가요? 혹은 배우자인가요? 그렇지 않으면 당신 자신인가요?

돈을 귀하게 여기지 않는다는 건 돈을 날라다 준 사람을 귀하게 여기지 않는 것과 마찬가지입니다. 만약 돈을 버는(날라다 준) 사람이 당신이라면, 당신 자신을 돌보지 않는 셈이지요.

돈이란 노동의 보수이자 도구입니다. 일한 대가를 돈이라는 도구를 통해 교환하는 것에 불과합니다.

바꿔 말하면, 돈이란 당신의 가치, 배우자의 가치, 부모님의 가치이기도 합니다. 더 나아가 돈이란 당신이, 배우자가, 부모님이 벌어 온 감사하기 그지없는 사랑입니다.

그 돈을 날라다 준 사람을 사랑한다면, 돈을 향한 당신의 호감과 사랑하는 마음을 돈에게 표현해야 합니다. 그것이 돈과 지갑의 신에게 사랑받는 비결입니다.

지갑의 신에게 사랑받는 비결

- 돈을 사랑하지 않으면 돈에게 사랑받지도 못한다
- 돈은 소중히 여겨지지 않을 곳에 오지 않는다
- 돈을 날라 온 자신이나 주변 사람을 사랑하라

Secret 11
'돈 사랑 선언'으로 지갑의 신에게 총애받자

돈은 사랑한다고 말해 주는 사람에게 다가간다

돈에게 사랑받기 위한 원칙이 있습니다.

그것은 바로 "돈이 너무 좋아"라고 말하는 겁니다.

"사랑해", "너무 좋아", "아껴 줄게"라는 말을 사랑하는 사람에게 들으면 기쁘고 설렙니다.

돈도 그렇습니다. "너무 좋아"라고 말해 주는 사람에게 당연히 가고 싶어 합니다. 그러니 먼저 남들 앞에서 '돈 사랑 선언'을 해 보세요.

처음에는 부끄럽고 거부감이 들겠지만, 용기를 갖고 시도해 보는 겁니다. 그리고 돈을 날라 온 이들에게 있는 힘껏 감사하세요. 그것이 돈에게 사랑받는 확실한 방법입니다.

지갑의 신은 그런 당신을 보고 있습니다. 당신의 감정을 듣고 있습니다. 그리고 서로 사랑하는 사이인 지갑의 신과 돈은 당신의 지갑 안으로 돈을 잔뜩 불러들여 줍니다.

귀하게 대해 준다.
소중히 다뤄 준다.
적절하게 써 준다.

지갑의 신은 돈을 소중히 다루는 사람을 매우 좋아합니다.

돈을 소홀히 다루면 돈에게 미움받는다

돈에게 미움받는 사람은 아래와 같습니다.

- 돈을 소홀히 다루는 사람
- "돈 따위"라고 말하며 돈을 멸시하는 사람
- 돈을 낭비하는 사람
- 목적 없이 소비하는 사람
- 충동 구매 후 항상 후회하는 사람
- "아깝다"라고 애석해하며 돈에 후회를 싣는 사람

위 예들의 공통점은 한 마디로 돈을 소중히 여기지 않는다는 것입니다.

이런 사람들은 '돈은 더럽다', '부자는 교활하다', '돈 얘기만 하는 놈 중에 제대로 된 놈이 없어' 등 돈에 대해 부정적인 믿음을 가지고 있습니다.

이런 상황을 가리켜 '돈 블록'이라고 하는데, '돈 블록'에 막혀 있는 사람은 돈에게 사랑받지 못합니다. 그러면 지갑의 신도 난처

해지지요.

'돈을 사랑해'라는 말은 '돈 블록'을 해제한다

'돈 블록'에 가로막혀 있는 사람은 어떻게 해야 할까요?

걱정하지 마세요. 오래도록 당신의 마음속에 살던 '돈 블록'이라도 '돈 사랑 선언'의 힘으로 해제할 수 있습니다.

돈은 당신, 배우자, 부모님 사랑의 결정입니다. 따라서 아주 많이 '사랑해'라고 말해 줘야 합니다. 그러다 보면 매일 만지는 돈, 매일 다루는 지갑을 볼 때마다 마음이 따스해지고, 진정으로 사랑한다고 여기게 됩니다.

처음에는 '물음표'가 달려 있어도 좋습니다. 과거에 생긴 잘못된 믿음을 당신이 매일 건네는 '사랑해'라는 말로 해제하십시오.

그러면 '돈 블록'은 자연히 사라집니다. '돈은 더럽다'라는 생각을 조금도 하지 않게 됩니다.

돈에게 '사랑해'라고 하는 행위는 당신 자신에게 '사랑해'라고 말하는 것과 같습니다.

자신에게 많이 감사하고 많은 사랑을 느껴 주세요. 자기애를 높여 주세요.

그러면 지갑의 신에게 듬뿍 사랑받게 됩니다.

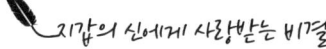
지갑의 신에게 사랑받는 비결
- "돈 사랑해!"라고 입버릇처럼 말하자
- 지갑의 신은 '돈에 비관적인 사람'을 싫어한다
- 돈을 사랑하면 자기애도 높아진다

돈과 지갑의 신에게
사랑받는 '돈 쓰는 방법'

돈을 쓰는 3가지 방법

돈 쓰는 방법에는 3가지가 있습니다.

'소비', '낭비', '투자'입니다.

'소비'란 먹는 것, 입는 것, 집세 등 생활하기 위해 돈을 쓰는 일입니다.

'낭비'란 '아깝다', '사지 말 걸 그랬다'라는 생각이 드는 쓸데없는 구매나 충동 구매로 돈을 쓰는 일입니다.

'투자'란 자신을 기쁘게 하기 위해 또는 귀하게 여기기에 돈을 쓰는 일입니다.

예를 들어, 식사할 때 그냥 먹기만 하면 소비입니다. 폭식이나 홧김에 먹으면 낭비입니다. 정말 먹고 싶은 것, 몸이 기뻐하는 것을 먹으면 투자입니다.

투자를 다른 말로 '살아 있는 돈을 먹는다'라고 합니다.

이 3가지 중 당신은 어디에 가장 많이 돈을 쓰고 계십니까?

지갑의 신에게 사랑받는 방법, 투자

돈은 투자를 좋아합니다.

투자에는 '돈에 하는 투자'와 '자신에게 하는 투자' 2가지가 있습니다.

'돈에 하는 투자'는 말 그대로 돈을 늘리기 위해 돈에 돈을 투자하는 행위입니다. 주식, 투자신탁, 금, 토지, 주택, 가상화폐 등 돈을 불려 가는 방식이 여기에 속하지요.

'자신에게 하는 투자'란 자신의 가치를 높이기 위해 책을 사고, 강좌나 세미나에 가는 일입니다. '자기 투자'라고도 하지요. 미용이나 심신을 돌보러 마사지나 상담을 받으러 가는 일도 자기 투자에 속합니다.

자기 투자는 최고의 자기애입니다. 자신의 가치를 인정하고, 자신에게 돈을 쓰는 일이기 때문입니다. 자신에게 투자하는 돈은 당신의 가치이자 당신의 미래입니다.

자신에게 투자할 때는 '최고였어!', '가격 이상의 것을 얻을 수 있었어'라는 식으로 투자한 돈에 대해 긍정 에너지를 실어야 합니다. 그렇게 투자한 돈은 돌고 돌아 당신에게 돌아옵니다.

저도 자기 투자는 빠뜨리지 않습니다. 놀랄 정도로 많은 금액을 투자했기에 그 이상의 은총을 받을 수 있었습니다.

돈에 마이너스 에너지를 실으면 지갑의 신에게 미움받는다

자기 투자를 할 때 '와! 비싸네', '싼 피부 관리실로 가지 뭐'라는 식으로 생각하면 마이너스 에너지가 실려 낭비로 바뀝니다. 또, 관리의 질보다 '그 피부 관리실보다 여기가 쌌어' 하는 식으로 가격에만 연연하면 진정한 만족감을 얻을 수 없습니다. 그리 판별하다 보면 가격만 따지는 표면적인 만족감만 남지요. 결국 마음을 충족시킬 수 없습니다.

마음을 충족시킬 수 없으면 자기 투자가 아니라 단순한 낭비가 됩니다. 아무것도 남지 않기 때문입니다.

물건 하나를 사더라도 그렇습니다. 명품 브랜드의 옷이나 가방을 살 때도 가격이나 브랜드만 고려하지 말고 품질, 가게의 서비스, 접객 태도 등이 만족스러웠는지의 기준으로 골라야 합니다.

정말로 갖고 싶지도 않으면서 '명품이니까', '할인이 많이 됐으니까' 라고 생각하며 만족스럽지 않은 물건을 타협해 사다 보면 돈에 마이너스 에너지가 실립니다. 그리고 마이너스 에너지가 쌓이면 돈에게도, 지갑의 신에게도 사랑받지 못하게 됩니다.

결과적으로, 아무리 벌어도 돈이 모이지 않습니다.

이를 방지하려면 돈 쓰는 3가지 방법(소비, 낭비, 투자)에 따라 자신이 어디에 돈을 쓰고 있는지 점검해야 합니다. 설사 낭비만

하고 있었더라도 괜찮습니다.

낭비를 투자로 바꾸고, 돈과 지갑의 신에게 사랑받는 방법을 제가 알려 드릴 테니까요.

- 지갑의 신은 투자를 좋아한다
- 자신에게 투자해 돈을 당신의 포로로 삼자
- 가격만 집착하면 마이너스 에너지가 쌓인다

돈이 모이지 않는 사람의
나쁜 말버릇

돈이 모이지 않는 사람에게는 낭비벽이 있다

돈을 모으지 못하는 사람, 돈에 항상 불안해하는 사람에게는 낭비벽이 있습니다.

항상 "아깝다", "뭐 어때", "주머니 사정 좀 보고"라고 말하는 사람은 무의식중에 낭비하고 있습니다. 자기도 모르는 사이에 소비가 낭비로 바뀐 것이지요.

돈이라는 에너지를 "아깝다", "뭐 어때", "주머니 사정 좀 보고"라는 말을 통해 부정 에너지로 부지런히 교환하고 있기 때문입니다.

실로 안타까운 일입니다!

"아깝다", "뭐 어때", "주머니 사정 좀 보고"라고 말하다 보면 만족감을 얻지 못합니다.

말에는 특별한 힘이 있습니다. 당신이 한 말은 현실이 됩니다.

번 돈의 가치가 바로 당신의 가치입니다.

번 돈을 쓸데없는 일에 '아깝게' 쓰면 당신이 쓸데없다는 의미가 됩니다. 모르는 사이에 당신 자신의 가치를 떨어뜨리고 말지요.

그러니 같은 돈을 쓰더라도 긍정 에너지를 실어서 쓰십시오. 그러면 돈은 행복한 현실을 불러들이고 '살아 있는 돈'으로 이어집니다. 반면 돈이라는 에너지를 마지못해 쓰면 싫은 현실을 불러옵니다.

'뭐 어때!'라는 마음으로 돈을 쓰지 마라

사적인 이야기지만, 저는 알레르기가 심해 살면서 여덟 번이나 구급차 신세를 졌습니다. 정크푸드, 기름, 과일, 닭고기 등의 음식에 주의하지 않으면 몸이 거부반응을 일으킵니다. 하지만 철이 든 무렵부터 25년 동안 음식에 투자해 왔기에 그 후로는 병에 걸린 적이 한 번도 없었습니다.

그러던 제가 2년 전에 사고를 쳤습니다. '뭐 어때!'라고 생각하며 들어간 레스토랑에서 곤욕을 치렀고, 구급차에 실려가 입원하고 말았지요.

'뭐 어때'라고 생각하며 주문한 음식 때문에 몸에 거부반응이 일어난 것이지요. 주문 전에 알레르기가 있는 음식 목록을 분명히 전달했는데 말이지요.

저처럼 극단적인 예는 아닐지라도 아래와 같은 낭비는 여러분도 자주 경험해 보지 않았을까 싶습니다.

- '뭐 어때'라고 생각하며 싸다는 이유로 식품을 사고 만다.
- '뭐 어때'라고 생각하며 딱히 마음에 들지 않는 저렴한 옷을

사고 만다.

- '뭐 어때'라고 생각하며 가격이 만만한 피부 관리실을 골라 버린다.

'뭐 어때'라고 생각하며 쓴 돈은 '뭐 어때'라는 결과밖에 낳지 못합니다. '아깝다'라고 생각하며 돈을 낸 순간, 그 돈에 부정 에너지가 실려 '낭비'가 되기 때문이지요. 그러니 '아깝다', '뭐 어때'라고 생각하며 가격만 신경 쓸 게 아니라, 진심으로 만족할 수 있는 데에 소비하십시오.

마음에 든 것을 음미하면 진심으로 '기쁘다', '맛있다', '행복해', '감사하다'라고 생각할 수 있는 구매가 가능합니다.

비싼 기준으로 사라는 말이 결코 아닙니다. 매사에 의식해 소비하라는 뜻입니다. 그러면 낭비가 자연히 사라집니다. 쓸데없는 것은 전혀 바라지 않게 됩니다.

어차피 쓸 돈이라면 '투자'를 하고, '살아 있는 돈'을 써야 합니다.

'살아 있는 돈'이란 '몸과 마음이 기뻐하는 돈'입니다.

'몸과 마음이 기뻐하는 돈'을 써야 돈이 쑥쑥 들어옵니다.

공부며 강좌, 세미나에도 '아, 신청하기 잘했어!'라고 생각하며 진심으로 기뻐하세요. 그래야 돈이 '살아 있는 돈'으로 바뀝니다. 그리고 당신이 쓴 만큼 당신의 것이 되어 돌아옵니다.

돈은 에너지입니다. 같은 에너지라면 긍정 에너지를 쓰십시오. 그러면 돈에게 듬뿍 사랑받게 됩니다.

지갑의 신에게 사랑받는 비결

- 주머니 사정을 고려한 구매는 만족감이 낮다
- 의식적으로 '소비'하면 낭비가 사라진다
- 몸과 마음이 기뻐하는 '살아 있는 돈'을 쓰자

Secret 14

'돈이 없어'는
돈을 멀어지게 하는
'악마의 주문'

"돈이 없어"를 반복해 말하면 결코 돈이 들어오지 않는다

"돈이 없어"는 악마의 주문입니다.

돈에게 사랑받으려면 '없어'라는 말을 절대로 써서는 안 됩니다.

"돈이 없어"가 입버릇인 사람이 주변에 있지 않나요? "지금은 돈 없어 못 해"라는 말을 자주 하는 사람도 의외로 많지요.

사실 하고 싶은 일을 못 하는 건 돈이 없어서가 아니라 다른 이유일 때가 많습니다. 실은 그럴 돈도 있고요.

당장 지갑 속에 돈이 없는 사람은 없습니다. 집 안에 돈이 없는 사람도 거의 없을 테고요.

그 말을 반복하다 보면 깜짝 놀랄 만큼 돈에게 사랑받지 못합니다. 그리고 정말 돈이 '없는' 상태가 됩니다. 지갑의 신은 있으면서 '없다'라고 말하는 사람을 '아, 돈이 없구나!' 혹은 '아, 없는 상태가 좋구나!'라고 인식하기 때문입니다.

말에는 혼이 깃듭니다. 그래서 특별한 힘을 지닙니다.

정말 돈이 없는 사람을 위한 마법의 특효약

"하지만 정말로 돈이 없어요!"라고 말하는 분께 저는 이렇게 묻고 싶습니다.

혹시 카드만 쓰고 있지 않습니까?

그렇다면 카드 사용부터 중지하십시오. 그리고 현금으로만 구매하는 버릇을 들이십시오.

현금의 '현(現)', 즉 '드러나는' 돈을 늘리는 겁니다. 그러면 당신이 디디고 선 곳이 단단해집니다.

7천 명 이상의 운명과 만 명 이상의 지갑을 본 뒤 저는 돈에게 사랑받으려면 '안정감'이 중요하다는 점을 깨달았습니다. 먼저 딛고 선 곳을 굳히고, 말버릇을 고치면 반드시 돈에게 사랑받습니다. 분명히 돈이 돌아옵니다.

'안정감'이 있어야 지갑의 신에게 사랑받고, 금전운도 쑥쑥 올라갑니다.

지갑의 신에게 사랑받는 비결
- "돈이 없어"라는 말은 금물
- 정말 돈이 없다면 카드 사용을 중지하라
- '안정감'은 금전운을 상승시킨다

Secret 15
에너지의 법칙으로 사랑과 돈을 쑥쑥 끌어당기자

'돈'이라는 에너지를 어떻게 쓸까?

돈은 에너지입니다. 당신이 원하는 것, 갈구하는 것, 욕구를 채우기 위한 하나의 에너지입니다. 당신이, 배우자가, 부모님이 열심히 일한 성과를 교환한 것입니다.

   이 근사한 에너지인 '돈'을 불러들이려면 '돈'이라는 에너지를 어떻게 쓰느냐가 중요합니다.

돈의 개념은 물물교환에서 비롯됐다고 합니다. 생선과 고기, 채소 등은 언젠가 썩어 버리므로 언제든지 교환이 가능한 수단이 필요했고, 그게 돈으로 발전했습니다. 그래서 돈은 조개, 돌멩이, 동전, 지폐 순으로 긴 세월을 거쳐 지금의 형태로 변화해 왔습니다.

행복의 에너지를 긁어모아 순환시키자

돈은 사랑과 감사의 에너지로 이루어진 응집체입니다.

'지금이 정말 행복해', '지금 너무 아늑해', '맛있어!', '감사합니다!'라는 긍정적인 기분이나 긍정적인 말을 하며 쓰는 돈은 긍정 에너지입니다.

반면 '만족하지 못해', '불안해', '불만이야'라는 부정적인 기분이나 부정적인 말을 하며 쓰는 돈은 부정 에너지입니다.

'뭐? 부정 에너지 같은 거 싫어!'

그런 생각이 든다면 안심하세요. 부정 에너지를 긍정 에너지로 바꾸는 방법이 있으니까요. 바로 자신의 '행복 레벨'을 약간 낮춰

보는 겁니다.

'행복 레벨'을 낮추면 사소한 일에도 감사하게 됩니다.

'와! 좀 감격이네', '와! 좀 기쁘다', '와! 오늘 점심 싼데 맛있어', '와! 편의점 직원이 친절하다' 등등.

행복의 에너지를 긁어모아 보세요. 당신 주변에 분명히 있을 겁니다.

행복의 에너지를 모으면, 에너지가 순환해 다시 당신에게 행복의 에너지를 날라다 줍니다.

사랑이나 돈은 전부 에너지입니다. 당신에게로 빙글빙글 돌아옵니다.

그것을 쭉쭉 끌어들여 손에 쥘 수 있을지는 온전히 당신에게 달렸습니다.

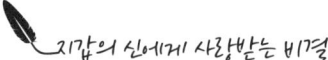
지갑의 신에게 사랑받는 비결
- 돈은 사랑과 감사의 에너지다
- '행복 레벨'을 낮춰 부정 에너지를 긍정 에너지로 바꾸자
- 에너지를 순환시켜 행복을 끌어들이자

Secret 16

'산 돈'과 '죽은 돈'의 운명, 바로 여기서 갈린다

'돈은 돌고 도는 것'이라는 말은 진짜다!

예로부터 '돈은 돌고 도는 것'이라고 합니다.

돈은 빙글빙글 돌고 돌아 당신에게 돌아옵니다. 한군데 멈춰 있지 않습니다. 언제나 사람과 사람을 거쳐 돌고 있습니다.

간단히 말해, 돈은 순환합니다.

사람들을 타고 돌고 돌아 여기저기 들렀다가 당신의 곁으로 돌아옵니다. 그때 돈이 친구를 잔뜩 데리고 돌아올지 아닐지는 당신이 하기 나름입니다.

그러면 어떻게 해야 돈이 친구를 잔뜩 데리고 돌아올까요?

방법은 간단합니다. '산 돈'을 써야 합니다.

앞에서도 말했지만, '산 돈'이란 '살아 있는 돈'을 뜻합니다. 당신이 돈을 쓸 때 "우와! 근사한 쇼핑이었어. 기뻐라!", "이런 멋진 곳에 오기 잘했어! 너무 좋아!", "공부가 무척 많이 된 세미나였어.", "오기 잘했다! 설레!"라고 즐거워하며 긍정적인 기분으로 쓴 돈을 '산 돈'이라고 하지요.

앞서 말한 '투자'와 일맥상통하는 개념입니다. 감사하는 마음이 절로 우러나는, 진심으로 만족하며 쓴, 긍정 에너지가 가득 실려 생기가 넘치는 돈을 '산 돈'이라고 할 수 있습니다.

'죽은 돈'을 조심하라

부정 에너지를 실은 채 쓴 돈은 '죽은 돈'이 됩니다.

"이 옷 맘에 안 들어. 세일이라 샀는데 괜히 손해만 봤네. 그래, 뭐 어때."
"이 가게 평판만큼 맛있지 않아. 오지 말 걸 그랬어. 아깝다."
"도움이 하나도 안 되는 세미나네. 시간 낭비였어."

이처럼 부정적인 기분으로 쓴 돈은 '죽은 돈'입니다. 즉 '낭비'지요. 낭비는 죽은 돈이므로 산 돈처럼 돌고 돌지 못해 내게 되돌아오지 않습니다.

'죽은 돈'이 아닌 '산 돈'을 만들기 위해서는 긍정 에너지를 실어 돈을 쓰면 됩니다.

아까처럼 "이 옷 맘에 안 들어. 세일이라 샀는데 괜히 손해만 봤네. 그래, 뭐 어때.", "이 가게 평판만큼 맛있지 않아. 오지 말 걸 그랬어. 아깝다.", "도움이 하나도 안 되는 세미나네. 시간 낭비였어."라고 말하는 대신, 다음과 같이 말해 보십시오.

"아, 실패했네. 그래도 좋은 공부가 됐습니다. 감사합니다."

이러면 '죽은 돈'이 활기 넘치는 '산 돈'으로 바뀝니다. 간단한 방법이지만, 이 방법을 쓰면 신기할 정도로 돈에게 사랑받습니다. 지갑의 신이 그런 당신의 행동을 놓치지 않기 때문입니다.

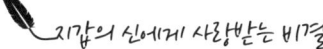
지갑의 신에게 사랑받는 비결

- '산 돈'을 쓰면 돈이 돌아온다
- 죽은 돈은 돌아오지 않는다
- 긍정 에너지로 '죽은 돈'을 '산 돈'으로 바꾸자

Secret 17
쓰고 또 써도
돈이 불어서 돌아오는
사람의 비결

'은혜 갚기'가 아니라 '은혜 보내기'

아무리 돈을 써도 돈이 쑥쑥 불어나 수중으로 되돌아오는 사람이 있습니다. 그런 사람에게는 어떤 비결이 있을까요?

사실, 돈이 쑥쑥 불어나 되돌아오는 사람은 '은혜 보내기'를 합니다.

'은혜 갚기'를 하기보다 '은혜 보내기'를 해 돈과 지갑의 신에게 사랑받아 저도 모르는 사이에 돈이 쑥쑥 들어오는 예지요.

'은혜 갚기는 무슨 뜻인지 알겠는데 은혜 보내기는 뭐지?'라고 궁금해하는 분도 계실 겁니다.

'은혜 갚기'란 은혜를 받은 분에게 직접 은혜를 돌려드리는 행위로, 두 사람 사이에서만 이루어지므로 그 이상은 퍼지지 않습니다.

'은혜 보내기'란 은혜를 받은 쪽이 다른 누군가에게 은혜를 보내는 행위입니다. 그래서 또 다른 누군가에게로 은혜가 이어지지요. 즉 은혜를 사람에게서 사람에게로 보내다 보면 은혜가 빙글빙글 돌아 점점 퍼져 나가는 원리입니다.

'은혜 보내기'를 통해 사랑과 돈은 순환한다

'은혜 보내기'를 하면 사랑, 돈, 행복이 빙글빙글 돌아 크게 순환합니다.

돈을 쓸 때 '은혜'를 실어 잇달아 보내세요. 돈에 '은혜'를 실어 쓰면 한 바퀴 돌아서 내게 올 때 많은 친구를 끌고 되돌아옵니다.

지갑의 신에게 사랑받는 비결

- '은혜 보내기'는 지갑의 신에게 사랑받는 비결이다
- '은혜 보내기'란 '은혜'를 선순환시키는 행위다
- 돈을 쓸 때 '은혜'를 실으면 반드시 돌아온다

제4장

절친이 되어 보자
지갑의 신을 공략하는
7가지 원칙

Secret 18

제1원칙
지갑 속을 무조건
신권으로 채워라

지갑의 신은 신권을 좋아한다

지갑의 신뿐 아니라 사람도 마찬가지입니다. 모든 사람은 너덜너덜한 지폐보다 빳빳한 신권을 좋아합니다. 여기에는 이유가 있습니다.

일단 신권에는 에너지가 넘칩니다. 같은 돈이라도 신권의 힘이 구권보다 엄청나게 크지요. 잘 이해가 되지 않는다면, 거스름돈을 받을 때를 떠올려 보십시오.

신권을 받으면 왠지 기쁘지 않았나요?

'기왕이면 다홍치마지', '운 좋다' 하는 기분이 듭니다.

신권에는 '플러스 에너지'가 모이기 쉽다

초등학교에 입학할 무렵, 도구함에 든 준비물이 모두 새것이라 설렌 기억이 있습니다. 이처럼 사람은 깨끗한 것, 새것을 접하면 무심결에 기쁨을 느낍니다.

돈도 마찬가지입니다. 깨끗한 새 지폐에는 '설렘'이나 '기쁨'과 같은 에너지가 모이기 쉽습니다.

지갑의 신은 사람을 기쁘게 하는 '접대'를 무척 좋아합니다. 그래서 같은 돈을 건넬 바에야 신권으로 상대를 기쁘게 하고 싶어 합니다.

결혼식, 생일, 돌잔치 등 경사가 있을 때 신권을 쓰는 관례는 일본의 오랜 '접대' 문화에 기인합니다. 일본의 일류 호텔, 고급 료

칸, 명품 브랜드에서 쓰는 거스름돈은 전부 신권으로, 이는 고객을 기쁘게 하기 위한 '접대'의 일종입니다.

1장에서도 말씀드렸다시피 지금껏 제가 만난 셀러브리티나 부자의 지갑 속은 모두 신권으로 채워져 있었습니다. 그건 그들이 '접대'를 소중히 여기기 때문이었습니다. 저도 부자인 고객에게 배운 대로, 매달 한 번씩 모든 돈을 신권으로 교환합니다. 물론 지갑 속에 있는 돈도 모두 신권입니다.

솔직히 가진 지폐를 전부 신권으로 바꾸려면 시간과 품이 듭니다.

그래도 상대를 기쁘게 해 주면 상대에게 기쁨을 돌려받습니다. 감사라는 말의 힘이 지닌 따뜻한 에너지를 받게 되기 때문입니다.

신권은 정중히 다루고 싶은 마음이 든다. 따라서 인생도 정중해진다
신권을 자주 사용해 보면 알겠지만, 신권은 새 종이 특유의 재질 때문에 서로 달라붙습니다. 그러다 보니 실수로 돈을 많이 건네는 일이 생길 수도 있습니다. 그래서 지갑 속에 신권을 넣어 다니면 달라붙어 실수로 따라 나오는 지폐가 없도록 지폐를 한 장 한 장 정중히 다루게 됩니다.

이렇게 돈을 정중하게 대하는 마음가짐은 당신 자신을 정중히 대하는 마음가짐으로 이어집니다. 돈을 날라다 준 당신이나 배우자, 부모님 또한 당연히 귀하게 여기게 되지요.

때문에 지갑에 신권을 넣어 다니면 매사에 무척 정중해집니다. 인생 또한 정중하게 살게 됩니다. 매일매일 정중하게 사니 인생이 좋은 방향으로 흐를 수밖에 없지요. 당연한 이치입니다.

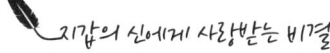

- 지갑 속의 지폐는 가능한 한 신권으로 채우자
- 돈에 정중해지면 나 자신에게도 정중해진다
- 지갑의 신은 정중하게 사는 사람을 응원한다

Secret 19

제2원칙
영수증과 명함을
지갑에 넣지 마라

지갑의 신은 깨끗한 상태를 좋아한다

지갑의 신은 깨끗한 상태를 좋아합니다. 따라서 자신이 사는 지갑 안이 깨끗해야 기뻐합니다.

지갑은 집과 같습니다. 지갑의 신은 정돈된 집을 무척 좋아합니다. 뒤죽박죽 어질러진 지갑에서 살기 싫어하지요.

자, 지금 당장 당신의 지갑 속을 확인해 보십시오.

지갑 속에 영수증이나 할인 쿠폰 등 지폐 외의 종이가 들어 있지 않나요?

지폐를 넣는 곳에 동전이 함께 들어가 있지는 않나요?

집에서 가족 구성원의 역할이 다르듯, 지갑 속의 돈도 각자의 역할이 있습니다. 따라서 지갑과 동전 지갑은 별도로 두어 지폐와 동전의 거주지를 확실하게 구분해야 합니다. 가끔 지갑에 부적을 넣어 다니는 분도 있는데, 굳이 지갑에 넣어야 한다면 딱 하나만 지니고 다니세요.

영수증, 명함, 카드 등 돈 이외의 것을 돈보다 많이 넣고 다니는 분이 적지 않은데 지갑은 어디까지나 돈을 위해서만 써야 합니다.

지갑에 쓸데없는 것을 가능한 한 넣지 않아야 합니다.

지갑 속은 당신의 머릿속과 같습니다.

지갑 속이 뒤죽박죽이면 당신의 마음도 뒤죽박죽이 됩니다.

정리하면 기분이 개운해집니다. 마음이 개운해졌기 때문입니다.

매일 지갑을 점검해 필요 없는 것을 버리고 쓸데없는 것은 넣지 않도록 주의하세요.

그 단순한 습관만으로도 놀라울 정도로 운이 트입니다.

지갑의 신과 돈의 신은 절친

지갑의 신은 돈과 사이가 좋으며 청결한 곳을 선호합니다. 그러니 그 보금자리인 지갑을 청결히 유지해야 합니다.

구깃구깃, 너덜너덜한 지갑을 가지고 다니면 돈과 지갑의 신에게 미움받게 됩니다. 반면, 지갑을 항상 청결히 유지해 지갑의 신과 돈에게 사랑받으면, 금전운이 쑥쑥 올라갑니다.

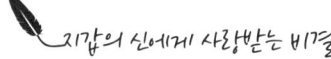
지갑의 신에게 사랑받는 비결
- 뒤죽박죽인 지갑에 신은 머물지 않는다
- 지갑 안팎을 언제나 말끔하게 정리하자
- 너덜너덜한 지갑은 절대로 들고 다니지 마라

Secret 20

제3원칙
포인트 카드를 지갑 속에 절대로 넣지 않는다

포인트 카드는 낭비의 원흉

운명 컨설팅을 하다 보면 지갑 속에 유난히 카드가 많은 고객이 종종 있습니다. 현금카드, 신용카드, 그것도 모자라 포인트 카드까지 넣어 두툼해진 지갑을 들고 다니지요.

지갑은 카드 수납처가 아닙니다. 지갑 속에는 최소한의 카드만 넣어 다녀야 합니다.

특히 포인트 카드를 지갑에 잔뜩 넣어 다니는 분은 주의해야 합니다. 포인트 카드가 많으면 많을수록 쓸데없는 지출이 늘어나기 때문입니다. 포인트를 적립하기 위해 쓸데없는 구매를 하기도 합니다.

"더블 적립에 2천 원 모자라네요. 혹시 더 필요한 건 없으세요?"라는 점원의 말에 초과 구매를 해 본 경험이 있으신가요?

저도 젊었을 때 포인트에 푹 빠져 필요 없는 물건을 자주 샀습니다. 그리고 그 물건의 대부분은 쓸데없는 애물단지로 전락하곤 했지요. 그야말로 돈 낭비였습니다.

이 가게는 이 포인트 카드, 저 가게는 저 포인트 카드.

카드를 쓰는 것이 아니라 카드에게 쓰여지게 됩니다. 카드에 휘둘리면 물욕만 채워질 뿐 마음이 충족되지는 않습니다. 그리고 돈이 절대로 모이지 않습니다.

지갑 속에는 신용카드 한 장에 플러스알파면 충분하다

1장에서도 말씀드렸듯이 제가 아는 부자 고객의 지갑 속에 돈 외의 물건이라고는 단 한 장의 블랙 카드가 전부입니다.

그분은 정말 원하는 것만 샀고, 필요 이상으로 물건을 사지 않아 모든 지출이 그 카드 한 장으로 해결되었습니다.

"부자들이야 모든 것이 거의 다 되는 블랙 카드 한 장만 있어도 충분하지만 나는 아니잖아! 나 같은 보통 사람은 여러 장을 가지고 다닐 수밖에 없다고!"라고 하실 분도 분명히 계실 겁니다.

하지만 오해하지 마세요. 저는 그 고객으로 예를 들었을 뿐이지 반드시 블랙 카드여야 된다는 의미는 아니니까요.

제 말의 요지는 적립이 되는 신용카드를 딱 '한 장만' 지니고 다니라는 겁니다. 그러면 포인트 적립도 집중해서 많이 할 수 있고, 신용도도 빨리 높아집니다.

지갑에 넣는 카드는 신용카드 한 장으로 제한하세요. 그리고 플러스알파로 현금카드 한 장 정도만 넣어 다니세요.

그렇게만 해도 지갑이 가뿐해져 지갑의 신이 기뻐합니다.

충전식 교통카드를 지갑 속에 넣어 두지 않는다

지갑에 충전식 교통카드를 넣어 두지 마십시오.

충전식 카드는 풍수에서 '동(動)'에 해당하므로 지갑에 넣어 두면 돈이 붙어 있지 못합니다. 그리고 교통카드를 지갑에 넣어 두면 지하철 개찰구를 통과할 때마다 지갑을 누르게 되니 지갑이 상해 버립니다. 그런 지갑 속에 지갑의 신이 살고 싶을 리 없지요.

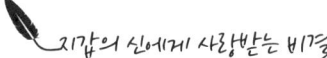
지갑의 신에게 사랑받는 비결

- 포인트 카드는 낭비를 부른다
- 지갑에 넣는 카드 개수를 최대한 줄인다
- 지갑을 난폭하게 다루는 원인을 모두 제거하자

Secret 21

제4원칙
매일 지갑을
'지갑 침대'에서 쉬게 해 주자

돈을 안정시키는 '지갑 침대'

지갑은 평소 관리가 중요합니다.

매일 집에 돌아오면 반드시 가방에서 지갑을 꺼내 '지갑 침대'에서 쉬게 하세요. 지갑을 쉬게 해 주면 금전운이 좋아집니다.

지갑을 쉬게 하면 돈이 안정되어 돈이 빠져나가기 어려워지는 원리입니다.

지갑도 사람과 마찬가지로 휴식이 필요합니다.

돈이 당신이라 생각하고 부디 지갑이 매일 느긋이 자게 두세요.

지갑을 놓는 장소와 방위 결정법

지갑을 쉬게 해 줄 때는 지갑을 '놓는 장소'에도 특별히 신경을 써야 합니다.

'놓는 장소'는 자신의 침실 조용한 붙박이장 속, '방위'는 북쪽과 북서쪽이 좋습니다.

예로부터 돈은 조용하고 어두운 곳을 좋아한다고 전해지며, 북쪽과 북서쪽이 '재물'을 관장하는 방위이기 때문입니다.

돈은 외로움을 타니 한군데 모아 두십시오. 옛날 사람들이 돈을 보관하는 창고를 따로 둔 데에는 이유가 있습니다. 집 안의 모든 돈과 통장을 한곳에 모아 두면 가계 관리도 함께 할 수 있어 돈의 흐름이 몹시 좋아집니다. 이때 인감은 따로 보관해야 합니다. 주의하세요.

지갑 침대 만들기

지갑 침대라고 해서 이불이 필요하지는 않습니다. 그저 옷장의 작은 '서랍' 속에 지갑을 둘 공간을 마련하거나, 지갑을 넣는 케이스를 허리보다 높은 곳에 두기만 하면 됩니다. 그리고 지갑을 넣어 두는 공간에 깨끗한 천을 깔아 주세요. 흰색이나 보라색의 청결한 레이스 손수건이나 비단보가 좋습니다. 그리고 지갑이 옷장이나 케이스 안에 바로 닿지 않도록 주의하십시오.

굳이 흰색이나 보라색 천을 쓰라고 하는 이유는 흰색이 리셋을 상징하고, 보라색은 최고위 색상이기 때문입니다. 천의 소재도 좋은 것으로 고르세요. 그러면 자신의 '기(氣)'도 상승합니다.

외출 후 집에 돌아오면 지갑을 가방에서 꺼내 지갑 침대에 놓아 주세요. 그런 뒤 영수증 등 쓸데없는 것을 빼서 지갑 속을 정돈합니다.

매일 지갑 속을 정돈하는 행위는 하루하루를 정중하게 사는 마음가짐과 일맥상통합니다. 매일 지갑 속에 있는 돈과 마주함으로써 돈에 민감해지는 효과도 함께 누릴 수 있습니다.

또한 지갑을 침대에 재워 돌보는 행위는 당신의 마음을 돌보는 행위로도 이어집니다. 그런 당신에게 지갑의 신도 미소 지어 줄 것입니다.

지갑의 신에게 사랑받는 비결

- 외출 후 지갑을 가방에서 꺼내 돈을 쉬게 해 주자
- 지갑은 북쪽 혹은 북서쪽 붙박이장(옷장) 안에 보관하자
- 돈은 한군데에 모으고, 지갑을 바닥에 놓지 않는다

Secret 22

제5원칙
지갑의 신에게 사랑받는
최고의 주문 '감사합니다'

'감사합니다'는 반드시 자신에게 되돌아온다

아침에 일어나 출근할 때, 학교에 갈 때, 집에서 일할 때, 장을 보러 나갈 때, 식사하러 외출할 때, 밤에 잠들 때까지 몇 명의 사람과 만나나요? 하루에 몇 번 "감사합니다"라고 말하나요?

딱히 집에만 있어 사람을 만날 일이 없다고요? 그럴 리가요. 집에 가만히 있더라도 택배 기사나 우체부가 집을 방문해 당신과 만납니다. 페이스북이나 트위터 등 SNS나 블로그 안에서도 당신은 수없이 많은 사람과 접하게 됩니다. 그때 당신은 그들에게 몇 번이나 "감사합니다"라고 말하나요?

'감사합니다'는 당신에게 고스란히 되돌아오는 '주문'입니다. 그러니 의식적으로 많이 "감사합니다"라고 말해야 합니다. 건성으로, 타성에 젖어서 하는 인사치레가 아니라 마음에서 우러나온 '감사'를 해야 합니다.

하루에 한 번만이라도 좋습니다. "고마워요, 큰 도움이 됐어요", "고마워요. 정말 맛있었어요", "감사합니다. 매번 신세 지네요"라고 진심으로 말해 보세요.

진실한 마음에서 우러나온 '감사합니다'를 하루에 한 번만이라도 하면 당신의 인생은 자연히 좋은 방향으로 선회해 나갑니다.

'감사합니다'라는 주문이 사랑과 돈을 끌어당겨 준다는 사실을 명심하십시오.

돈에게 사랑받는 사람은 '감사합니다'라는 말을 아낌없이 한다

제가 지금껏 보아 온 부자, 즉 돈에게 사랑받는 사람은 돈을 쓸 때나 낼 때, '최대의 감사'를 상대방에게 실어 보냅니다. 말도 그렇지만, 돈을 낼 때의 몸짓도 매우 정중합니다.

'감사합니다'는 에너지를 부르는 주문입니다. 돈을 통해 에너지를 교환하거나 순환하려면 '감사합니다'라는 말을 반드시 해야 합니다.

어차피 같은 돈을 쓸 바에야 부정 에너지를 싣지 말고, '고마워요'라는 긍정 에너지를 실어 주세요.

돈을 쓸 때 돈에게 '감사합니다'라는 주문을 싣자

'감사합니다'는 전부 당신에게 돌아옵니다.

돈을 쓸 때나 낼 때 '감사합니다'라는 '주문'을 돈에 실어 보세요.

돈은 바로 당신입니다.

돈에 '감사합니다'라는 주문을 실으면 열심히 벌어 온 당신을 향해 "감사합니다"라고 말하는 것과 같습니다. 반면, 건성으로

"감사합니다"라고 말하면 당신 자신에게 건성으로 감사하는 것과 같습니다.

그러므로 돈을 벌어 온 당신에게, 배우자에게, 부모님에게 진심으로 "감사합니다"라고 말해 보세요. 그리고 그 말 안에 '사랑'을 실어 보내세요.

물론 바쁠 때는 '감사합니다'라고 말하는 걸 깜빡 잊기도 합니다. 하지만 그러지 않으려고 노력하세요. 바쁘면 '마음'을 잃게 됩니다.

매번 의식해서, '마음'을 담아 "감사합니다"라고 말하는 당신을 지갑의 신이 가만둘 리가 없습니다.

그러면 돈과 사랑이 쏙쏙 딸려 오게 되어 있습니다.

지갑의 신에게 사랑받는 비결
- '감사합니다'는 반드시 당신에게 돌아온다
- 부자는 돈에 최대한 감사한다
- 많은 '감사합니다'로 돈을 끌어당기자

Secret 23

제6원칙
소액 대출을 하지 않는다

'소액 대출'일수록 습관이 되기 쉽다

지갑의 신에게 사랑받는 아주 쉽고도 간단한 규칙이 있습니다.

바로 '소액 대출을 하지 않는다'입니다.

작게 돈을 빌리는 습관은 실은 고약한 놈입니다.

"점심값은 지금 현찰이 없으니 다음에 계산하자", "편의점 갈

거면 주스 좀 사다 줘, 나중에 갚을게" 등등.

작게 빚을 지는 습관은 악의가 없어도, 당신이 모르는 사이에 당신 주위에 부정 에너지를 쌓습니다. 그리고 소액 대출 습관이 쌓이면 쌓일수록 돈과 지갑의 신에게 미움받게 됩니다.

작은 빚은 상대로부터 돈이라는 에너지를 뺏고 있는 상태입니다. 에너지를 빼앗기면 상대는 마이너스가 됩니다. 상대가 마이너스가 된다는 건 돌고 돌아 당신 역시 마이너스가 된다는 뜻입니다.

작은 빚은 얼핏 사소해 보이지만, 신용을 잃거나 인간관계를 흔드는 원인이 됩니다.

예로부터 '돈이 떨어지는 날은 인연도 끊기는 날'이라고 합니다. 사소한 습관, 사소한 행동이 멋진 인연을 멀어지게 합니다.

인생이든 돈이든 작은 것부터 차근차근

지금부터 사소한 것에 신경을 쓰십시오. 그리고 마음에 걸리는 일이 있으면 바로 사과하십시오.

실수나 잘못은 누구나 합니다.

매일매일 차근차근 쌓아 가다 보면, 신용과 신뢰와 멋진 인연이 생겨납니다. 사소한 것에서 흔들림 없는 자신감도 생겨납니다.

인생이든 돈이든 작은 것부터 차곡차곡 쌓아 가는 것이 가장 빠른 성공의 길입니다. 그런 당신의 일거수일투족을 지갑의 신은 항상 지켜보며 응원하고 있습니다.

지갑의 신에게 사랑받는 비결

- 작은 빚을 지는 습관은 내 주변에 부정 에너지를 쌓는다
- 악의 없는 작은 빚이 인연을 멀어지게 한다
- 작은 빚을 지는 걸 그만두고, 신용과 신뢰를 쌓자

Secret 24

제7원칙
비상금을 마련하지 마라

비상금은 금전운을 떨어뜨린다

앞서 돈과 지갑의 신에게 사랑받는 '돈 사랑 선언'에 대해 말씀드렸습니다. 이처럼 매일 '돈 사랑 선언'을 하면 금전운이 쑥쑥 상승합니다.

하지만 간혹 '돈 사랑 선언'을 해도 금전운이 오르지 않는, 돈에게 사랑받지 못하는 분이 계십니다. 그런 분을 컨설팅해 보면 이유가 즉시 나옵니다. 바로 '비상금' 때문입니다.

가족 몰래 '비상금'을 만드는 등 돈을 감추는 행위를 하면 신기할 정도로 돈이 돌지 않게 됩니다. 돈과 지갑의 신은 '오픈 마인드'를 사랑합니다. 돈은 풍요롭고 열린 마음에 흘러듭니다.

사람은 돈이 있으면 마음이 안정됩니다. 자신에게 돈이 얼마나 있는지, 또 얼마나 넉넉한지 파악하고 있으면 마음이 안정되어 하는 일도 순탄해질 가능성이 큽니다.

결과적으로 돈과 사람에게 축복받게 됩니다.

그런데 비상금을 감춰 두거나 비밀리에 저금(아무리 만약의 사태를 위해서라도)을 하다 보면 장래가 불안해져 마음도 불안정해지는 탓에 스트레스가 쌓입니다. 그리고 쓸데없이 돈을 쓰게 되지요.

그러니 "이만큼이나 모았네, 고마워", "돈이 이렇게나 들어왔어, 고마워"라고 배우자와 돈 얘기를 하며 서로 감사하세요.

그러면 감사의 기분이 더욱 흘러넘쳐 사랑과 돈이 덩달아 당신에게 몰려듭니다.

비상금은 '죽은 돈'이다

비상금은 '감춰진 돈'이라 세상에 알려지지 않습니다.

불길한 말이지만 고인이 세상을 뜬 뒤, 비상금이 나왔다는 이야기를 들은 적도 있습니다. 그야말로 '죽은 돈'입니다. 그럴 바에는 살아 있는 동안 '산 돈'으로 쓰세요.

돈을 모으고 싶다면 목적을 갖고 공개한 상태에서, 정말 쓰고 싶을 때, 필요한 때 쓸 수 있도록 배우자와 함께 '긍정 에너지'로 모아 주십시오.

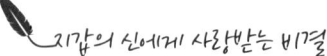

- 지갑의 신은 오픈 마인드를 좋아한다
- 비상금은 허비나 낭비의 원인이 된다
- 긍정 에너지로 돈을 모으자

제5장

운이 술술 풀리는
지갑 구입법 및 관리법

Secret 25

지갑은 '길일(손 없는 날)'에 사자

지갑의 신도 인정하는 '돈을 부르는 날'

운이 트이는 지갑을 만드는 방법을 알려 드리겠습니다.

우선 길일에 지갑을 사러 가세요. 지갑의 신은 운이 좋은 날, 즉 길일을 무척 좋아합니다.

길일을 선택하는 이유는 운을 짊어지기 위해서입니다. 지갑의 신은 운을 짊어진 사람을 응원하고 싶어 합니다. 운을 짊어져 성공한 사람도 많습니다.

일반적으로 알려진 다양한 길일이 있습니다.

'천사일(天赦日: 하늘이 모든 것을 용서한다는 날로 음력에서 가장 좋은 길일)'이 매년 5~6일, '뱀의 날(12간지에 빗대 12일을 주기로 돌아오는 날)'이 매년 24~25일, '호랑이의 날'이 매년 30일 전후입니다.

대단하죠? 길일이 이렇게 많다는 걸 알고 계셨나요?

이런 길일은 신이 응원해 주는 날입니다. 지갑을 사거나 돈을 인출할 때는 길일을 파악해 '오늘은 좋은 날이야!'라고 생각하는 것만으로 운이 훌쩍 좋아집니다.

운이 최고조로 올라가는 날

운이 상승하는 날을 하나씩 말씀드리겠습니다.

● 천사일

'천사일(음력에서 일 년 중 가장 좋은 길일. 봄은 무인(戊寅), 여름은 갑오(甲午), 가을은 무신(戊申), 겨울은 갑자(甲子)의 날이다.)'은 하늘이 모든 죄를 사하는 날로 역술에서는 최고의 길일로 칩니다. 한 해에 5일이나 6일밖에 없는 귀중한 길일로 새로운 뭔가를 시작하기에 좋습니다. 천사일에는 이런 일을 해 보십시오.

- 지갑을 산다
- 새 지갑을 개시한다
- 은행 계좌를 개설한다
- 결혼, 입적, 이사, 창업 등 새로운 일을 시작한다

● 뱀의 날

불교에서 예술과 재물운을 관장하는 신인 변재천과 인연이 있는 날입니다. 뱀의 날에 돈에 관련된 소원을 변재천의 화신인 백사에게 빌면, 그 소원이 변재천에게 닿아 이뤄진다고 하며, 금전운과 재물운이 길한 날입니다. 뱀의 날에는 이런 일을 해 보십시오.

- 지갑을 산다

- 새 지갑을 개시한다

- 은행 계좌를 개설한다

● **호랑이의 날**

금전운과 가장 연이 있는 날로 금전운을 불러들이는 날이라고도 합니다. 호랑이는 '천 리를 갔다가 천 리를 돌아온다'라고 하듯 나간 돈을 다시 불러들인다고 전해집니다. 호랑이의 날에는 이런 일을 해 보십시오.

- 지갑을 산다

- 새 지갑을 개시한다

- 은행 계좌를 개설한다

- 투자를 한다

위의 3가지 날에 해당하는 때 지갑을 새로 장만하거나 개시합니다.

전 우주를 아군 삼는 최강의 지갑 길일

앞에서 소개해 드린 3가지 길일 중 2개 이상의 길일이 겹치는 '최고 길일'에는 반드시 지갑을 새로 장만하세요.

'최고 길일'은 지갑을 새로 사는 것 말고도, 새로운 무언가를 시작할 수 있는 절호의 기회입니다.

'최고 길일'과 '삭(朔)'이 겹치는 날은 더욱 좋습니다.

'삭'이란 '만월'과 반대로 지구에서 보아 달과 태양이 일직선으로 겹쳐 달이 보이지 않는 상태입니다. 이때는 우주의 결계가 풀려 '소원을 빌기 가장 좋은 시간'에 돌입한다고 합니다.

전 우주를 내 편으로 삼을 수 있는 '삭'과 '최고 길일'이 겹치는 날은 지갑을 사기 가장 좋은 날인 셈이지요.

1년에 몇 번 있을까 말까 한 날에 뜻한 바를 행할 수 있다면 굉장한 행운일지도 모릅니다.

지갑을 새로 살 때 이 날만은 피하자

돈을 뽑기 가장 적합한 날은 돈의 날인 '금요일'입니다.

불로 태우는 '화요일'은 그리 추천하지 않습니다.

이 원칙은 지갑을 장만할 때도 마찬가지입니다. 화요일에는 가능한 한 지갑을 새로 장만하지 마세요.

지갑은 앞서 소개해 드린 가장 운이 올라가는 '길일'에 장만하는 편이 좋습니다. 지갑과 돈은 모두 운을 짊어지는 게 중요하기 때문입니다.

불교에는 연기(緣起)라는 말이 있습니다. '인연을 일으킨다'는 의미로, 인연을 일으키면 인연을 움직일 수 있습니다. 인연(운수)은 사람을, 사람은 일을, 일은 돈을 날라다 줍니다. 따라서 인연을 일으켜야 운수 또한 활발하게 순환할 수 있습니다.

모든 건 순환에서 시작합니다. 그 순환을 시작하는 날이야말로 길일입니다.

Secret 26

'부희'가 높은 장소에서
지갑을 사자

토지 에너지가 높은 장소가 좋다

지갑의 신에게 사랑받으려면 지갑을 사는 장소도 중요합니다. 똑같은 지갑을 사더라도 '부희(富喜)'가 높은 장소를 추천합니다.

　부희가 높은 장소란 말 그대로 '번성한 기쁨이 많은 곳'입니다. 부희가 높은 장소에서는 신도 마음이 편해집니다. 그런 장소는 신에게 보호받으며 상업이 번성합니다.

그럼 부희가 높은 장소는 구체적으로 어디일까요?

바로 토지 에너지가 높고, 에너지를 분출하는 장소입니다. 간단히 말하면 토지 단가가 높은 곳입니다.

예를 들어 도쿄라면 긴자, 오사카라면 우메다입니다.

저는 20대 시절에 오사카 우메다에 있는 한큐 백화점에서 근무했습니다.

당시는 버블 경제였고, 오사카 우메다는 번성한 장소였으니 돈이 하늘을 찌르는 기세였습니다. 아마 하루에 만 명 이상 손님이 방문했을 겁니다. 지금도 우메다 한큐 백화점은 평일에도 굉장히 혼잡합니다. 분출하는 듯한 부희 파워가 최고조인 장소입니다.

기왕이면 다홍치마라고, 부희가 가득 넘치는 곳에서 지갑을 사세요.

도쿄 긴자, 오사카 우메다처럼 부희가 높은 장소에는 공통점이 있습니다. 그건 바로 '접대하는 마음'을 소중히 지킨다는 점입니다.

지갑의 신은 '접대하는 마음'을 정말 좋아합니다. 따라서 지갑을 새로 장만한다면 '접대하는 마음'이 넘치는 가게에서 사는 것이 가장 좋습니다.

우리 주변을 둘러보면 부희가 높은 장소가 많이 있습니다. 당신이 '접대의 마음'을 느끼는 곳은 분명 부희가 높은 장소입니다.

꼭 그런 곳에서 지갑을 사 운을 확실하게 틔우십시오.

- 지갑을 사려면 부희가 넘치는 장소에서 사라
- '접대하는 마음'을 소중히 여겨 운을 틔우자

Secret 27

아웃렛이나 세일 상품은 사지 않는다

여러 사람의 손을 타 '삿된 기'가 묻어 있을 가능성이 있다

지갑은 신이 깃드는 신성한 물건입니다.

따라서 아웃렛이나 세일 기간에 지갑을 사서는 안 됩니다.

아웃렛이나 세일 상품은 여러 사람의 손을 탔습니다. '갖고 싶지만 돈이 없어', '돈이 없어 반품했어' 등의 '삿된 기'가 묻어 있을 가능성이 있습니다. 그러니 지갑을 살 때는 지갑이 직접 손에 닿지 않도록 장갑을 낀 채 정중히 다루는 가게에서 사십시오.

남의 손을 타지 않은 새 지갑을 사자

지갑은 반드시 신품으로 사십시오. 가능한 한 진열된 적도 없는 지갑을 꺼내 달라고 하세요. 남의 손을 전혀 타지 않은 지갑은 신이 살기에 가장 적합합니다.

만약 남의 손을 타지 않은 지갑이 없다면 새하얀 손수건이나 천으로 한 번 깨끗하게 닦아 주세요. 그리고 구매한 후에는 지갑에 도향을 살짝 뿌려 정결히 합니다.

지갑의 신을 맞아들이는 첫걸음입니다.

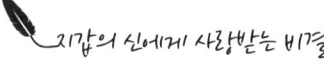
- 지갑을 정중하게 다루는 곳에서 사자
- 지갑은 새것이 최고
- 지갑을 산 다음에는 정결히 하자

Secret 28

'장지갑'과 '반지갑' 중 지갑의 신이 좋아하는 건?

지갑을 절대로 깔고 앉지 마라!

'장지갑'이냐, '반지갑'이냐?

어느 쪽이 좋을지 고민되시죠?

대체 어느 쪽이 운을 떨어뜨리는 지갑일까요?

지폐가 반으로 접히는 반지갑?

사실 반지갑에는 지폐가 반으로 접히는 것보다 더 큰 문제점이 있습니다.

바로 '지갑을 엉덩이로 깔고 앉게 되는 것'입니다.

지갑을 엉덩이로 깔고 앉는다는 것은 돈을 엉덩이로 깔고 앉는다는 뜻입니다. 또한, 당신 자신을 엉덩이로 깔고 앉는다는 말도 되지요.

지갑에 든 돈은 당신이, 배우자가, 부모님이 벌어 온 분신과도 같은 것입니다. 그걸 엉덩이로 깔고 앉으면 당신을, 배우자를, 부모님을 엉덩이로 깔고 앉는 것과 같습니다.

돈은 내가 벌어 온 나의 분신입니다. 따라서 귀히 여겨야 합니다.

직업상 장지갑을 쓰기 어렵다면 어쩔 수 없지만, 소중한 돈을 엉덩이로 깔고 앉는 것만은 피해 주십시오. 당신의 가치를, 당신의 존재를 엉덩이로 깔고 앉는 것과 마찬가지입니다.

반지갑이라도 좋으니 우선 엉덩이로 깔고 앉지 않는 습관을 들여 보십시오.

단연코 장지갑! 동전 지갑은 따로 가지고 다녀라

기본적으로 장지갑을 추천합니다. 지폐가 접히지 않는다는 것만으로도 한층 돈을 소중히 여기게 되기 때문입니다. 즉 당신을, 배우자를, 부모님을 소중히 하는 것이지요.

장지갑과 동전 지갑을 나누어 쓰자

이것이 본래 돈을 취급하는 방식입니다. 옛날부터 전해 내려오는 가르침이지요.

풍수의 목, 화, 토, 금, 수에서 지폐는 목, 동전은 금에 해당합니다. '금은 목과 상극'이라서 금(=동전)의 에너지는 목(=지폐)의 에너지를 약화시킵니다. 그러니 지폐와 동전을 함께 넣으면 안 됩니다.

또한, 장지갑과 동전 지갑을 따로 두고 구분을 명확히 하면 돈에 의식이 쏠려 금전 감각이 뚜렷해집니다. 무엇보다 지갑에 동전이 빵빵하게 차 있으면 보기에도 좋지 않습니다.

지갑의 신은 돈을 소중히 다루는 사람을 좋아합니다. 그러니 장지갑과 동전 지갑을 따로 사용해, 돈과 정중하게 어울리십시오.

지갑의 신에게 사랑받는 비결
- 돈＝당신의 분신. 엉덩이로 깔고 앉는 건 NG
- 지폐가 접히는 걸 막기 위해서라도 장지갑을 추천
- 장지갑과 동전 지갑을 따로 쓰자

Secret 29

가죽 지갑을 쓰면
신의 힘이 '배'로 늘어난다

역시 지갑은 가죽이 최고

가죽 지갑에 깃든 신은 힘이 '배'로 셉니다. 생물에는 힘이 깃들어 있기 때문입니다.

   섬유도 울 100퍼센트나 캐시미어 100퍼센트 제품은 따뜻하지만, 아크릴 100퍼센트는 그리 따뜻하지 않지요?

요즘은 화학이 발달해 따뜻한 합성섬유가 나오지만, 천연의 뛰어난 생명력을 따라잡지 못합니다.

지갑에도 이를 참고해 뱀, 소, 양, 타조 등의 가죽 소재를 고르십시오.

비닐은 지갑의 신도 꺼린다

비닐 지갑은 피해야 합니다.

비닐은 풍수로 치면 '화'에 해당합니다.

풍수에서 말하는 목, 화, 토, 금, 수 중 '화'는 종이로 만들어진 지폐를 태운다고 여겨집니다.

앞서 말씀드렸듯 '화'에 해당하는 화요일에 돈을 인출하거나 지갑을 사서도 안 됩니다.

지갑의 신도 '화'는 거북해하니, 돈에 관련된 일을 할 때는 '화'를 피해야 합니다.

그러니 지갑을 고를 때 꼭 소재에 주의를 기울이십시오.

지갑의 신에게 사랑받는 비결

- 가죽 제품에서 '천연 파워'를 받자
- 비닐 지갑은 NG
- 지갑의 신을 위해 '화'를 피하자

Secret 30

지갑을 사면
도향(塗香)을 뿌려 정화한다

새 지갑을 사면 우선 정결하게 만들자

지갑을 새로 사면 먼저 도향을 살짝 뿌려 주십시오. 아주 조금이면 됩니다.

도향은 좋은 향이 나는 가루로, 뭔가를 정결하게 하거나 심신을 정화하고 삿된 기를 쫓는 효과가 있습니다.

좋은 향기를 두르면 기분이 좋아집니다. 그리고 전신에 들러붙은 부정 에너지를 정화해 긍정적인 마음가짐을 가질 수 있습니다. 게다가 좋은 향기에는 자신과 주위의 기운을 북돋아 주는 굉장한 힘이 있습니다.

그래서 지갑에 좋은 향이 나는 것을 넣으면 금전운과 업무운이 높아집니다.

도향으로 신이 깃드는 지갑을 만들자

지갑이나 돈도 도향으로 정화해 좋은 향을 배게 하면 신에게 사랑받습니다.

지폐와 동전에 좋은 향기를 돌게만 해 줘도 정화 효과가 있기 때문입니다. 제가 '운이 트이는 지갑 강좌'에 와 주신 고객들에게 기도가 끝난 도향을 건네는 것도 그러한 이유에서입니다.

좋은 향은 돈과 지갑의 신에게 사랑받기 위한 기본 예의입니다 (*도향은 향나무 가루로 만든 향료이며, 불교용품 전문점에서 구매할 수 있다).

✎ 지갑의 신에게 사랑받는 비결
- 좋은 향이 나는 지갑은 금전운과 업무운을 올린다
- 도향으로 지갑을 정화하면 지갑의 신에게 사랑받는다
- 좋은 향기는 신에 대한 기본 예의

지갑을 사용하기 전에 신권 100만원을 21일 동안 지갑에 넣어 재워 둔다

큰돈이 든 상태를 지갑에 각인시키자

마음에 드는 지갑을 사면 바로 쓰고 싶게 마련입니다. 하지만 잠시 기다려 주세요.

   돈과 지갑의 신에게 사랑받는 지갑으로 만들려면 '숙성 기간'이 필요합니다.

바로 쓰지 못해 아쉽겠지만 부디 인내하시기 바랍니다.

지갑을 산 뒤 도향으로 정화도 끝마치셨다고요?

그럼 '100만 원어치 신권'을 준비해 주십시오.

'초기 설정'으로 습관을 들이기 위해서입니다.

신권은 100매가 한 묶음이니 만 원짜리 100매인 '100만 원'이 좋습니다. 하지만 '100만 원을 어떻게 구해!' 하는 분은 천 원짜리 100매인 '10만 원'도 무방합니다. '아니, 10만 원이라도 100매를 준비하기란 어려운데'라고 생각하신다면 20매도 괜찮습니다.

어쨌든 '항상 들어 있으면 기쁠 텐데'라고 여기는 금액을 지갑 속에 넣어 주세요. 지갑에 돈이 가득 찬 상태가 당연한 상태라고 지갑에게 각인시키는 과정입니다.

아무리 명품 브랜드의 좋은 지갑을 사더라도 알맹이가 없으면 돈과 지갑의 신에게 사랑받지 못합니다. '초기 설정'을 해 돈이 있는 상태를 지갑에 각인시키십시오.

지폐를 '거꾸로' 넣어 지갑 침대에 21일 동안 재운다

신권 100만 원을 준비할 때는 앞서 말씀드린 '길일'에 돈을 인출하세요. 그리고 인출한 신권에 도향을 한 번 뿌려 정화한 뒤 지갑에 '거꾸로' 넣습니다.

그 후 지갑 침대에 21일 이상 재워 둡니다. 인간과 마찬가지로 지갑 또한 21일 동안 지속하면 습관이 들기 때문입니다.

21일 동안 돈이 가득 들어 있을 지갑, 사랑스럽지 않나요?

분명 '100만 원이나 되는 거금을 신권으로 지갑에 넣어 두기는 처음이야'라며 설렐 분도 많을 겁니다. 지갑이 계속 신경 쓰여 온종일 의식하게 될 테지요. 그리고 100만 원이란 거금이 있다는 '안심'과 그걸 날라 온 당신 자신의 가치를 크게 실감하게 됩니다.

그 과정을 거치면서 당신은 지갑과 '일체감'을 느끼고 지갑을 애지중지하게 됩니다. 결과적으로 돈도 소중히 여기게 됩니다.

지갑의 숙성 과정을 반드시 거쳐, 100만 원 '초기 설정'을 해 주십시오.

'종잣돈'이 돈 꽃을 피운다

'초기 설정'인 100만 원은 이른바 '종잣돈'입니다.

꽃에 씨앗이 있듯 돈에도 돈이라는 꽃을 틔워 주는 종잣돈이 있습니다.

'인생이 개화한다'라는 말처럼 종잣돈이 가득하고, 지갑의 신이 깃든 지갑은 '인생의 꽃'도 피워 줍니다.

신권을 한 달에 한 번은 교환하라

지갑 속의 신권은 가능한 한 한 달에 한 번씩 교환해 파워를 충전해 주십시오.

지갑 속을 신권으로 채워 두면 급하게 돈이 필요한 일이 생기더라도 침착하게 대처할 수 있습니다. 결혼 축하 등 갑작스러운 경사와 맞닥뜨렸을 때, 신권이 마련돼 있으면 당신의 신용도 훌쩍 올라갑니다.

눈에 보이지 않는 곳도 배려할 수 있는 사람은 같은 돈을 쓰더라도 업무나 인간관계에서 신용을 얻게 됩니다.

이 신용이 돈 이외의 씨앗이 되어 줍니다. 돈 꽃을 피우게 하는 씨앗이라고 할 수 있지요.

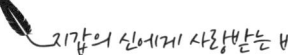
지갑의 신에게 사랑받는 비결

- '돈이 잔뜩 들어 있는 상태'를 각인시킨다
- 21일 동안 신권을 잔뜩 넣어 두어 지갑과 돈의 일체화를 꾀한다
- 정기적으로 구권을 신권으로 교환해 파워를 새로 축적한다

제6장

행운을 불러들이는 지갑 선별법

Secret 32
적자 경영에서 탈피하고 싶은 경영자에게 추천하는 지갑

빨간색 혹은 화려한 지갑을 선택할 때는 이 점에 주의하자

많이 벌고 있는데 돈이 펑펑 나가는 경영자. 한껏 벌고 있는데 전혀 돈이 모이지 않는 기업가.

벌고 벌어도 돈이 새는 이유가 뭘까요?

그 원인은 지갑에 있습니다.

돈을 잘 버는 사람, 자기 분야에서 성공한 사람은 대체로 기운이 강합니다. 그리고 빨간색이나 화려한 지갑을 선호합니다.

돈을 잘 버는 사람, 자기 분야에서 성공한 사람은 자신의 기운이 강한 만큼 빨간색을 고르거나 화려한 지갑에 눈이 가기 쉬워 그런 듯합니다.

빨간색의 기운에 지지 않을 만큼 돈을 벌어들이니 크게 상관없을지도 모르지만, 지출이 많아지는 것도 사실이니 벌어도 벌어도 돈이 남아나지 않는 분이 많습니다.

빨간색은 지갑 외의 소품이나 동전 지갑으로

사람은 빨간 것이나 화려한 것을 보면 흥분합니다.

단순히 '빨간색 지갑은 적자 지갑'이라고 생각하는 분이 많은데, 그건 사람의 본능에 가깝습니다. 소가 빨간색 천을 보면 돌진하듯 사람도 마찬가지입니다. 그러니 어쩔 수 없지요.

설레는 건 좋지만, 마음의 설렘보다 돈을 쓰는 설렘이 강해지면 돈이 모이지 않는 상태에 빠지기 쉽습니다.

남에게 한턱내기를 즐기는 사람은 빨간색이나 화려한 지갑을 선호하는 경향이 있습니다. 좋게 말하면 호탕하지만, 지나치면 경영에 좋지 않은 영향을 끼칩니다.

반드시 빨간색을 쓰고 싶다면, 지갑 이외의 소품에 쓰기를 권합니다. 돈을 모으고 싶은 분이라면 특히 자제해 주세요.

'나는 꼭 빨간색이나 화려한 지갑을 써야겠다!' 하는 분은 빨간색 동전 지갑을 쓰면 됩니다. 물론 벌이가 매우 좋고, 쓰는 게 너무 좋고, 돈을 쓰는 게 취미라면 바꾸지 않아도 됩니다.

여담이지만 속옷에 빨간색이 좋다는 말이 있는 건 내면에서 작용하는 효과가 높기 때문입니다. 몸에 가장 가까운 속옷은 우리 내부에 힘을 전달하기 때문이지요.

빨간색은 냉증에 좋다고도 합니다. '화'로 활활 태우니 냉증을 앓는 분에게 추천합니다.

어쨌든 빨간색 지갑이나 화려한 지갑은 사람을 흥분시키고 고양시키니 가능한 한 피하는 편이 좋습니다.

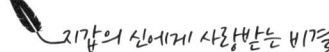
지갑의 신에게 사랑받는 비결
- 빨간색 파워에 끌리는 사람은 낭비하는 기질이 있다
- 돈을 모으고 싶다면 지갑 외의 것에서 빨간색을 써라
- 동전 지갑이라면 빨간색이나 화려한 색도 오케이

Secret 33

좀처럼 돈이 모이지 않는 여성 기업가에게 추천하는 지갑

지갑을 2개 가져라

지금 일본에는 좋아하는 일을 하며 돈을 버는, 취미를 일로 발전시킨 파워풀한 여성 기업가가 무척 많습니다. 그리고 그분들이 무척 많이 하는 고민은 다음과 같습니다.

"벌어도 벌어도 돈이 모이지 않는다."

"들어오자마자 나가 버린다."

"하는 일에 비해 남는 게 없다."

이런 고민을 해결하는 간단한 방법이 있습니다.

바로 지갑을 두 개 지니는 것입니다.

경리를 야무지게 관리하거나 남에게 맡겨 급료를 주는 분이라면 상관없지만, 그렇지 않다면 업무용과 사적인 용도로 나누어 지갑 두 개를 사용하세요.

고객에게서 직접 받은 돈을 그대로 지갑에 넣지는 않았나요?

계좌 이체로 받은 금액도 마찬가지입니다. 제대로 분리해 두었나요?

이것이 기본이지만, 간과하는 분이 많습니다. 그런 분들은 돈 계산도 주먹구구식입니다.

그러니 먼저 지갑부터 분리하세요. 업무용인지, 사적인 용도인지 이것이 매우 중요합니다.

의외로 이걸 모르고 다 섞어 쓰는 분이 많습니다. 확정신고 때

허둥대지 않기 위해서라도 공사를 혼동하지 마세요.

용도에 따라 지갑을 분리하면 수입과 지출을 바로 파악할 수 있어 주먹구구식 회계에서 탈출할 수 있습니다.

세금은 최고의 은혜 보내기

돈을 확실히 분리할 것, 공사를 혼동하지 말 것!

이제 매상을 올리고 싶다면 세금 납부를 위한 '신바람 계좌'를 만드세요.

세금에 부정적인 이미지를 지니고 있으면 사업가로 성공하기 어렵습니다.

세금은 자신을, 부모를, 사람을 돕는 고마운 돈입니다. 지금이야 길이 있는 게 당연하고 신호등이 있는 게 당연할지 모릅니다. 하지만 거슬러 올라가 보면 선인들이 만들어 주었습니다.

이는 세금이라는 형태를 빌려서지만 훌륭한 '은혜 보내기'가 됩니다. 이 은혜를 보내는 사람을 지갑의 신은 반드시 응원해 줍니다.

지갑의 신에게 사랑받는 비결

- 업무용과 사적인 용도로 지갑을 따로 둔다
- 지갑을 나누면 공사를 혼동할 일이 없다
- 세금을 내기 위한 '신바람 계좌'를 만들자

인간관계를 좋게 만들고 싶은 당신에게 추천하는 지갑

인연을 이어 주는 색의 마법

인간관계를 개선하고 싶거나 인연을 소중히 하고 싶은 사람에게 추천할 만한, 인연을 맺어 주는 색이 있습니다.

바로 녹색입니다.

녹색의 '녹(綠)'이라는 한자가 인연의 '연(緣)'이라는 한자와 비숫하지 않나요?

그렇습니다. '녹색'은 인연을 맺을 때 필요한 색입니다.

녹색은 중화하고, 중용을 유지해 주는 색입니다.

중용을 지닌 이는 함께 있을 때 편안한 사람입니다.

중화, 중용의 마음을 가진다면 인연은 쉼 없이 이어져 나갑니다.

녹색 중에서도 황록색이나 짙은 녹색은 인연을 깊게 해 주고, 연두색은 인연을 넓게 이어 갑니다.

녹색은 충돌을 중화한다

앞서 알려 드린 풍수의 오행인 목, 화, 토, 금, 수로 생각해 보면 녹색이 왜 좋은지 이해할 수 있습니다.

자신에게 힘이 있음에도 인연이 적거나 통 사람 복이 없다면 '수화 격돌'이 일어났을 가능성이 큽니다.

'수화 격돌'이란 '수'의 힘과 '화'의 힘이 서로 충돌하는 상태입니다. 양쪽 다 큰 힘이 있어 맞부딪히면 그 힘이 반감됩니다.

그 충돌을 중화하고 인연을 맺어 주기 위해 '수'의 힘과 '화'의 힘을 중용으로 만드는 것이 바로 녹색이 지닌 '목'의 힘입니다. '목'의 힘은 오행 내에서도 '수'의 힘과 '화'의 힘을 중화하는 역할을 합니다. '수'의 힘과 '화'의 힘을 중화하면 인연을 연달아 맺어 줄 수 있습니다.

그러니 인간관계를 개선하고 싶은 분께 저는 망설임 없이 '녹색'을 지갑 색으로 추천합니다.

지갑의 신에게 사랑받는 비결
- '녹색'은 '인연'을 맺어 준다
- 황록색과 짙은 녹색은 인연을 깊게 해 준다
- 연두색은 인연을 넓게 이어 나간다

Secret 35

업무운을 높이고 싶은 당신에게 추천하는 지갑

질 좋은 가죽 지갑을 강력 추천

업무운을 올리고 싶거나 비즈니스를 성공시키고 싶은 분에게 추천하는 건 역시 질 좋은 가죽 지갑입니다.

저는 지금껏 만 명 이상의 지갑을 보아 왔는데, 성공한 분들치고 지갑이 구깃구깃한 분은 없었습니다.

지갑은 집이자 자신을 담는 그릇이라고 말씀하신 회장님도 있었습니다. 그만큼 지갑은 업무운, 비즈니스 성공과 밀접한 관계가 있습니다.

업무운은 지갑의 '윤기'로 정해진다

일로 성공한 분일수록 반들반들하고 예쁜 지갑을 가지고 다닙니다.

관상학적으로도 얼굴이 반질반질하면 일이 살된다고 합니다.

지갑도 색보다 윤기가 중요합니다. 남성이라면 광택이 있는 말가죽도 추천합니다. 성공한 경영인들이 브랜드를 불문하고 광택 있는 좋은 가죽 지갑을 가진 예가 압도적으로 많습니다.

여성이라면 가죽에 코팅된 제품도 괜찮습니다. 물론 반질반질한 가죽 제품이어도 좋고요.

비즈니스, 업무운에는 광택입니다.

재물을 불리는 짙은 갈색

검은색은 비즈니스를 안정시키고, 짙은 갈색은 재물을 불려 줍니다. 또한, 고귀하고 기품 있는 짙은 보라색도 정상에 계신 분에게 어울리는 색입니다. 질 좋고 고상한 지갑과 만나는 건 대단한 행운일지도 모릅니다.

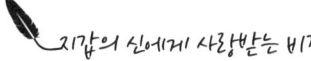

- 지갑은 업무운, 비즈니스 성공에 관여한다
- 윤기 나는 질 좋은 가죽 제품이 좋다
- 검은색, 짙은 갈색, 짙은 보라색을 추천

Secret 36
금전운을 높이고 싶은 당신에게 추천하는 지갑

금색과 은색이 베스트! 펄이 들어간 고상한 제품도 좋다

금전운을 생각하면 노란색을 떠올리기 쉽지만 사실 추천하는 색은 금색과 은색입니다.

역시 금과 은에 비길 색은 없습니다. 다른 색상이라도 펄이 들어간 고상한 제품을 추천합니다. 소재는 역시 가죽이 좋습니다.

돈을 모으거나 불리고 싶은 당신에게 추천하는 색은 갈색이나 짙은 갈색입니다. '토'의 색이지요. 풍수의 '오행'인 '토'의 색은 돈을 불리는 작용을 합니다.

지갑의 신에게 사랑받는 비결

- 금전운을 높이려면 금색이나 은색
- 펄이 들어간 가죽 제품도 좋다
- 돈을 모으고 싶은 사람은 갈색이나 짙은 갈색 추천

인생의 무대를 높이고 싶은 당신에게 추천하는 지갑

흰색의 힘으로 심기일전

살아가다 보면 '변해 버렸네' 혹은 '이제까지와는 달라'라고 생각하게 되는 순간이 있지요. 그럴 때 추천하는 색은 바로 흰색입니다. 아이보리나 페일 화이트라도 상관없습니다.

  흰색은 새로운 시작에 참으로 좋은 색입니다. 그리고 기분 좋게 긴장시키기도 합니다.

흰색이 가진 힘에는 리셋 효과도 있습니다. 리셋하고 싶은 일이 있다면 심기일전을 위해 흰색을 강력히 추천합니다.

보통 결혼식 복장은 흰색입니다. 어떤 의미로 결혼은 새로운 인생의 시작이기도 하니까요.

흰색은 새로운 여행, 새로운 무대, 새롭게 변화하는 당신에게 안성맞춤인 색입니다.

흰색은 무구하며 어떤 색으로도 물들 수 있습니다. 흰색에서 당신의 색으로 물든다고 상상하면 참 근사하지요?

흰색은 지갑으로는 잘 고르지 않기 때문에 인생의 무대를 높이거나 교체하고 싶은 시기에 쓰면 좋습니다.

인생의 무대를 한층 높이는 주기도 빨라진다

흰색은 더러워지기 쉽습니다. 흰색은 눈에 띕니다. 흰색은 '순진무구'합니다. 그렇기에 힘도 있지요.

더러워지기 쉽기 때문에 지갑을 교체하는 주기도 빨라집니다.

하지만 그만큼 당신이 더 높은 무대로 올라가거나 무대를 교체하는 주기도 빨라집니다.

지갑의 신에게 사랑받는 비결
- 흰색은 심기일전에 딱 맞는 색
- '순진무구'하기에 지닌 힘
- 흰색 지갑은 더 높은 무대로 올라가는 주기를 가속화한다

 마치며

인생이 좋은 방향으로 나아갈 때. 미래가 가속할 때. 바로 그때가 지갑의 신이 '당신 안에 있는 신'이란 걸 알아차릴 때입니다.

돈은 당신이며, 지갑은 당신의 집(그릇)입니다. 돈을 귀하게 여기는 것은 당신을 귀하게 여기는 것이며, 지갑을 귀하게 여기는 것은 당신의 집(그릇)을 귀하게 여기는 것입니다. 돈과 지갑을 귀하게 대하면 대할수록 일도 인생도 미래도 활짝 피어납니다. 그리고 지갑의 신과 친해지는 과정은 자신의 가치에 새로이 눈뜨고 '당신의 그릇'을 연마하는 좋은 수업이기도 합니다.

문득 괴로워질 때면 당신의 지갑에 사는 신을 떠올려 주세요. 당신은 언제나 신에게 보호받고 있습니다. 당신은 언제나 응원받고 있습니다. 부디 당신의 인생이 좋은 방향으로만 흐르기를 진심으로 기도합니다.

운명 컨설턴트 아사노 미사코

돈을 끌어당기는 마법의 지갑

초판 1쇄 발행 2019년 1월 24일

지은이 아사노 미사코
옮긴이 이경민
펴낸이 박영선
편집주간 조경희
편집진행 박경미
영업관리 박영선
온라인 마케팅 다케터(박승희)
표지디자인 디자인올
본문디자인 및 전산편집 조수영
인쇄 소프티안

펴낸곳 ㈜에이스컨프로
출판등록 2015년 10월 21일 제2015-000279호
주소 서울 강남구 선릉로 513, 9층
내용 및 구입문의 02-529-7299
팩스 070-8118-1299
이메일 keystonebook@gmail.com
홈페이지 www.keystonebook.co.kr

ISBN 979-11-960127-6-2 13320

이 책의 한국어판 저작권은 BC에이전시를 통한 저작권자와의 독점 계약으로 키스톤에 있습니다.
저작권법에 의해 한국 내에서 보호를 받는 저작물이므로 무단전재와 복제를 금합니다.

키스톤은 ㈜에이스컨프로의 단행본 브랜드입니다.